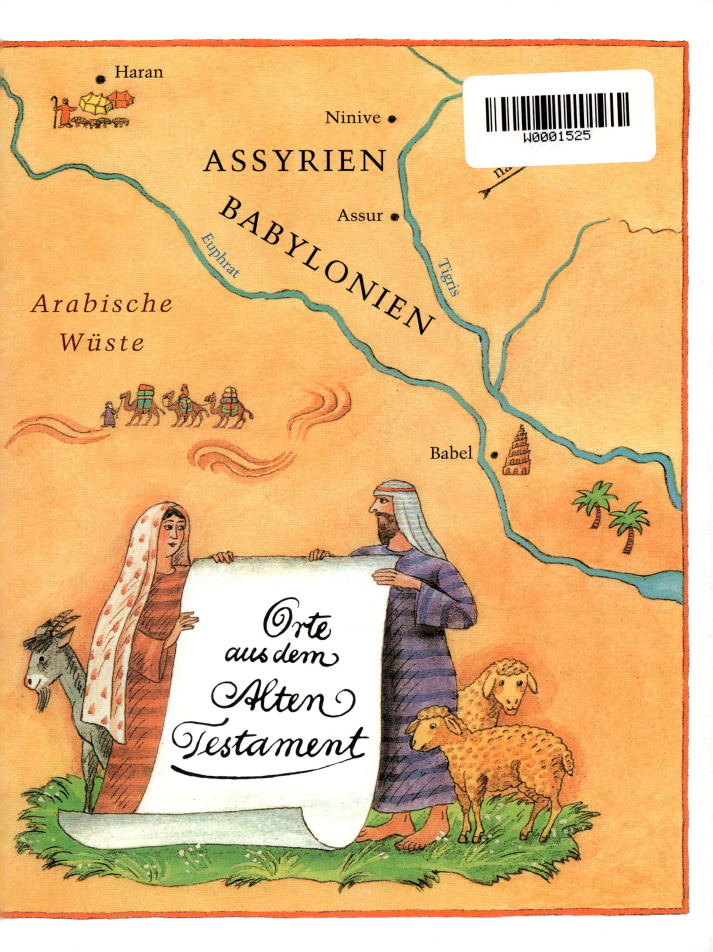

Die große bunte Kinderbibel

Die große bunte Kinderbibel

Detlev Block • Gisela Röder

ISBN 978-3-7855-3965-1
3. Auflage 2011
© 1993 Loewe Verlag GmbH, Bindlach
Überarbeitete Neuausgabe
Umschlagillustration: Silvia Christoph
Umschlaggestaltung: Claudia Lorenz
Printed in Slovenia (033)

www.loewe-verlag.de

Für Clemens, Julia Marie und Marcus

Inhalt

Altes Testament

Urgeschichte
Gott erschafft die Welt 18
Der Mensch in Gottes Garten 22
Der Ungehorsam des Menschen 23
Kain und Abel 25
Noahs Schiff 27
Die große Flut 29
Der neue Anfang 31
Der Turmbau zu Babel 32

Vätergeschichten
Abraham verlässt seine Heimat 35
Gottes Bund mit Abraham 36
Engel in Menschengestalt 37
Gott stellt Abraham auf die Probe 39
Eine Frau für Isaak 41
Jakob und Esau 45
Jakobs Traum 48
Jakob bei Laban 50
Jakobs Kampf mit Gott und seine Versöhnung mit Esau 51

Josefsgeschichten
Josef und seine Brüder 54
Die Brüder verkaufen Josef 55
Josef im Hause Potifars 56
Josef als Traumdeuter 57
Der Pharao träumt 58

Josef sorgt für das Land 61

Josefs Brüder reisen nach Ägypten 62

Josef versöhnt sich mit seinen Brüdern 64

Jakob und seine Söhne ziehen nach Ägypten 67

Mosesgeschichten

Moses Geburt und Rettung 69

Mose flieht und findet ein Zuhause 70

Gott beruft Mose zu seinem Diener 72

Gott schickt den Ägyptern Plagen und befreit sein Volk 74

Gott gibt seinem Volk zu essen und zu trinken 77

Die Zehn Gebote – Gott schließt mit seinem Volk seinen Bund 79

Das Goldene Kalb 81

Die Kundschafter 85

Sehnsucht nach dem Erlöser

Erzählende Übersicht 87

Der große Herrscher kommt aus Bethlehem 87

Der Sohn mit Namen „Gott-steht-uns-bei" 88

Ein Kind wird uns geboren 88

Das Friedensreich des Herrn 89

Neues Testament

Der Anfang

Die Geburt Jesu 92

Die Weisen aus dem Osten 94

Die Flucht nach Ägypten 96

Der zwölfjährige Jesus im Tempel 97

Johannes der Täufer 99

Die Taufe Jesu 101

Die Berufung der Jünger 102

Jesus hilft und heilt

Der Hauptmann von Kapernaum 105

Jesus heilt einen Gelähmten 106

Jesus und die Kinder 108

Jesus heilt einen Taubstummen 110

Jesus bei Zachäus: Ein Reicher kehrt um 112

Jesus gibt fünftausend Menschen zu essen 113

Jesus erweckt zwei Tote zum Leben: Der junge Mann aus
Nain und die Tochter des Jairus 115

Die Stillung des Seesturms 118

Der sinkende Petrus 120

Jesus hilft und predigt

Aus der Bergpredigt: Die Seligpreisungen 122

Von der besseren Gerechtigkeit 124

Vom richtigen Beten 125

Der feste Grund 126

Der Sämann und das vierfache Ackerfeld 127

Die Geschichte vom Senfkorn 129

Der barmherzige Samariter 130

Der Vater und seine beiden Söhne 132

Der Pharisäer und der Zollbeamte 135

Martha und Maria 136

Streit mit Jesus

Das Sabbatgebot 138

Jesus und das Geld 139

Das Leiden

Das Christusbekenntnis des Petrus 141

Jesus zieht in Jerusalem ein 142

Jesus räumt im Tempel auf 144

Der Verräter Judas 146

Die Fußwaschung: Jesus dient seinen Jüngern 147

Das Abendmahl 149

Im Garten Gethsemane: Jesus wird festgenommen 151

Das Verhör vor dem Hohen Rat: Jesus bekennt, Petrus verleugnet 154

Pilatus verurteilt Jesus zum Tod 156

Zu späte Reue: Der Tod des Verräters 157

Jesu Kreuzigung und Tod 158

Jesus wird ins Grab gelegt 160

Ostern

Die Auferstehung Jesu 162

Der Auferstandene begegnet zwei Jüngern bei Emmaus 163

Jesus erscheint seinen Jüngern 165

Jesus erscheint am See und beauftragt Petrus 166

Missionsauftrag, Himmelfahrt, Pfingsten

Missionsauftrag und Himmelfahrt: Jesus sendet seine
Jünger und kehrt zu Gott zurück 169

Pfingsten: Gott sendet den Jüngern seinen Geist 170

Der Apostel Paulus

Die Bekehrung des Paulus 174

Paulus und die anderen Apostel 176

Paulus und Silas in Philippi: Die Bekehrung des Gefängniswärters 179

Die Zukunft

Eine Hochzeitsfeier als Bild für Gottes Reich: Seid klug und bereit! 182

Das Weltgericht: Wonach der wiederkommende Christus urteilt 184

Die Zukunft der Welt 186

Der neue Himmel und die neue Erde 187

Urgeschichte

Gott erschafft die Welt

Am Anfang schuf Gott das Weltall und die Sterne. Er ließ die Sonne aus einer großen Nebelwolke entstehen. Die Wolke begann sich zu drehen und zog sich zu einer Kugel zusammen. Sie wurde dichter und heißer.

Gott sagte: „Es soll hell werden im dunklen Weltall!"

Da begann die Sonne zu leuchten. Sie sandte Licht und Wärme aus. Gott freute sich. Er sah, dass das Licht gut war.

Um die Sonne herum schuf Gott kleinere Himmelskörper. Sie fingen an, um die Sonne zu kreisen. Aus einem dieser Himmelskörper machte Gott die Erde. Mit der Erde hatte er etwas Besonderes vor.

Gott gab der Erde einen Begleiter, den Mond. Der Mond begann um die Erde zu kreisen. Manchmal zeigte er sich als volle Scheibe und manchmal als schmale Sichel.

Und Gott sagte: „Es soll Tag und Nacht auf der Erde werden!"

Da drehte sich die Erde der hellen Sonne zu und es wurde Tag. Die Erde drehte sich immer weiter und schließlich wieder von der Sonne weg. Da wurde es dunkel auf der Erde. Es wurde Abend und Nacht.

Gott freute sich am Wechsel von Tag und Nacht. Er bestimmte: „So soll es immer sein!"

Und es geschah so.

Das war der erste Teil der Schöpfung.

Weiter befahl Gott: „Es soll warme und kalte Jahreszeiten auf der Erde geben!" Da wurde es Sommer und Winter.

Im Sommer fielen die Sonnenstrahlen ganz von oben auf die Erde. Sie brachten viel Wärme. Im Winter fielen die Sonnenstrahlen nur aus halber Höhe auf die Erde. Sie brachten nur wenig Wärme.

Und während die Erde um die Sonne kreiste, vollendete sich ein Jahr.

Und Gott schuf eine Lufthülle um die Erdkugel und machte das Wetter.

Wolken stiegen auf, Blitze zuckten, Regen und Sonnenschein wechselten ab.

Und Gott sah, dass es gut war.

Das war der zweite Teil der Schöpfung.

Weiter sagte Gott: „Das Wasser und das Land auf der Erde sollen sich trennen!"

Da sammelte sich das Wasser an besonderen Stellen und bildete riesige Meere. Daneben entstanden große Landteile. Berge erhoben sich und Täler senkten sich. Vulkane stießen Feuer aus. Es dauerte lange, bis die Oberfläche der Erde zur Ruhe kam.

Und Gott sah, dass es gut war.

Nun hatte Gott alles vorbereitet. „Jetzt soll Leben entstehen", sagte er. Er hatte große Freude bei diesem Gedanken.

Und Gott sprach: „Aus der Erde sollen Gras und grüne Gewächse sprießen! Alle Arten von Pflanzen und Bäumen sollen sich bilden und Samen und Früchte tragen."

Und es geschah so.

Es grünte und blühte auf der Erde. Gras und Blumen und viele andere Pflanzen wuchsen auf und vermehrten sich. Dazu ließ Gott große Bäume entstehen, viele verschiedene Baumarten. Sie bildeten herrliche weite Wälder. Da war es schön geworden auf der Erde.

Und Gott sah, dass es gut war.

Das war der dritte Teil der Schöpfung.

Weiter sprach Gott: „Die Lichter am Himmel sollen ihre Bahn ziehen und Zeichen sein für Tag und Nacht. An ihnen soll man Jahre und Zeiten bestimmen und erkennen, wie groß die Welt ist, die ich geschaffen habe."

Und es geschah so.

Die Sonne leuchtete am Tag und der Mond in der Nacht. Gott gab ihnen ihre Bahn und bestimmte ihren Aufgang und ihren Untergang.

Dazu lenkte er auch die Sterne. Sie blinkten wie kleine Lichtpunkte am Himmel der Erde. Aber in Wirklichkeit hatte Gott sie als große Sonnen geschaffen, die aus sehr weiter Ferne ihren Lichtschein zur Erde sandten.

Auch sie gingen nach Gottes Plan auf und unter. Sie bildeten Sternbilder, die zu verschiedenen Jahreszeiten über der Erde standen.

Immer wieder schuf Gott neue Sterne im Weltall. Manchmal leuchtete am Himmel ein besonders heller Stern auf.

Aber auch den anderen Himmelskörpern, die mit der Erde um die Sonne kreisten, gab Gott ihre Bahn. Das waren die Planeten oder Wandelsterne, die Geschwister der Erde. Auch ihre Auf- und Untergänge bestimmte Gott.

Und Gott sah, dass es gut war.

Das war der vierte Teil der Schöpfung.

Weiter sprach Gott: „Nun sollen Tiere kommen, zuerst im Wasser, dann auf dem Land!"

Und es geschah so.

Im Wasser regte sich Leben. Es wimmelte nur so von kleinen Tieren und Fischen. Sie entwickelten sich und wurden größer. Alle Arten von Wassertieren entstanden. Auch die großen Seeungeheuer und Wale schuf Gott. Und eines Tages ging das Leben an Land und in die Luft.

Kleine und große Vögel breiteten ihre Flügel aus und erhoben sich in die Luft. Sie flogen über Land und Meer und freuten sich ihres Lebens.

Und Gott sah, dass es gut war.

Er segnete die Fische und Vögel und sagte: „Seid fruchtbar und vermehrt euch! Ihr Fische, füllt die Meere! Ihr Vögel, erobert euch die Luft und sorgt für Nachwuchs!"

Das war der fünfte Teil der Schöpfung.

Weiter sprach Gott: „Auch auf dem Festland soll Leben von Tieren entstehen!" Er dachte dabei an das Vieh, an die wilden Tiere und an alles, was auf dem Boden kriecht.

Und es geschah so.

Gott schuf alle Arten von Landtieren, von den Tieren in Wald und Feld über das Vieh bis zum kleinsten Wurm.

Er sah, dass es gut war, und hatte Freude daran.

Nun war es so weit, dass Gott an den Menschen dachte.

Er sprach: „Jetzt soll der Mensch kommen. Alles ist für ihn vorbereitet."

Der Mensch war nicht auf einmal da. Er entwickelte sich allmählich, so wie es Gott bestimmte. Der Mensch trat erst am Ende einer langen Geschichte auf, als Gott ihn rief.

Mit dem Menschen hatte Gott etwas Besonderes vor. Gott sagte: „Der Mensch soll mein Freund sein. Er soll ein Wesen sein, das mir ähnlich ist. Er soll mir helfen, das Leben auf der Erde zu bewahren. Darum will ich ihm Verstand und Macht geben. Er soll herrschen über die Fische im Meer, über die Vögel in der Luft und über alle Tiere auf der Erde."

So machte Gott den Menschen nach seinem Bild, den Mann und die Frau.

Er segnete die Menschen und sprach zu ihnen: „Ihr sollt euch lieben und Kinder bekommen. Vermehrt euch und breitet euch über die Erde aus! Nehmt sie in euren Besitz! Kümmert euch um die Pflanzen und Tiere! Passt auf, dass die Erde gut bewahrt bleibt, und herrscht über sie! Ich gebe euch Verstand und Macht dazu."

Und Gott fügte hinzu: „Von allen Pflanzen und Bäumen könnt ihr die Früchte essen. Den Vögeln und anderen Tieren der Erde gebe ich Blätter und Gras zur Nahrung."

Und es geschah so.

Da sah sich Gott alles an, was er gemacht hatte. Und er hatte große Freude daran, denn alles war sehr gut.

Das war der sechste Teil der Schöpfung.

So entstand die Welt mit allem, was in ihr lebt.

Zuletzt aber ruhte Gott von seiner Arbeit aus.

Gott segnete die Ruhe und sagte: „Auch für den Menschen ist es gut, wenn er nach seiner Arbeit ausruht. In einer Woche sind sechs Arbeitstage. Aber dann kommt ein heiliger Tag, der mir gehört. An ihm soll der Mensch ruhen."

So sind Himmel und Erde entstanden.

Gott schuf sie nicht fertig, er baute immer weiter an ihnen. Auch heute ist der Schöpfer am Werk. Wir merken es, wenn ein kleines Kind geboren wird oder ein neuer Stern im Weltraum entsteht.

1. Mose 1, 1–31; 2, 1–4

Der Mensch in Gottes Garten

Im Osten der Erde, in der Landschaft Eden, legte Gott einen schönen Garten an. Er ließ darin viele Bäume und Sträucher wachsen. Sie blühten prächtig und brachten Früchte, die gut schmeckten.

In der Landschaft Eden entsprang ein Strom. Er verzweigte sich und bewässerte den Garten. Alle Pflanzen und Tiere hatten genug zu trinken. Gott hatte an alles gedacht.

In diesen Garten brachte Gott den Menschen: Eva, die Frau, und Adam, den Mann.

Gott sagte zu ihnen: „Hier dürft ihr ganz in meiner Nähe leben. Ich habe für alles gesorgt. Ihr könnt euch wohlfühlen."

Adam und Eva staunten, wie herrlich der Garten war. Sie freuten sich und sagten zu Gott: „Ja, hier ist es wunderschön! Wir werden gern in deinem Garten leben."

„Ich gebe euch eine Aufgabe", sagte Gott. „Ihr sollt meinen Garten pflegen und behüten. Wollt ihr das tun?"

„Ja, das wollen wir", antworteten Adam und Eva.

„Und dann muss ich euch noch etwas Wichtiges sagen", sprach Gott. „Hört mir gut zu! Ihr könnt die Früchte von allen Bäumen und Sträuchern im Garten essen. Ich habe sie für euch wachsen lassen. Nur von dem einen Baum in der Mitte des Gartens dürft ihr nichts abpflücken und essen. Seht ihr ihn dahinten?"

Adam und Eva sahen den Baum, den Gott meinte.

„Das ist mein Baum", sagte Gott. „Seine Früchte sind nichts für euch. Daran dürft ihr nicht gehen. Sonst müsst ihr sterben. Haltet mein Gebot! Dann seid ihr geschützt. Denkt daran!"

Adam und Eva versprachen Gott, daran zu denken. Sie gingen im Garten herum und sahen ihn sich genau an. Sie probierten von den Feigen und Datteln, den Apfelsinen und Nüssen und vielen anderen Früchten.

Und dann brachte Gott Landtiere und Vögel in den Garten. Er führte sie alle zu den Menschen und wollte sehen, wie Adam und Eva die Tiere nennen würden.

Mensch und Tier lebten in Gottes Garten in Frieden miteinander. Auch die Pflanzen und Bäume hatten es gut.

Das Wasser war rein und die Luft gesund.

Adam und Eva aber freuten sich darüber, dass sie zu zweit waren.

„Tiere sind schön und wichtig", sagte Adam. „Aber noch wichtiger für den Menschen ist der Mensch."

„Ich bin glücklich, dass wir zusammengehören", sagte Eva.

„Ja, das hat Gott gut gemacht", sagte Adam, „dass er uns als Frau und Mann geschaffen hat. Immer wird es so sein: Wenn ein Mann sein Elternhaus verlässt und eine Frau findet, gehören er und sie zusammen. Und die beiden werden eins sein mit Leib und Seele wie wir zwei."

Adam und Eva waren nackt. Aber sie schämten sich nicht voreinander.

1. Mose 2, 8–10. 15–17. 19–20. 23–25

Der Ungehorsam des Menschen

Die Schlange war das listigste Tier, das Gott geschaffen hatte. Sie bewohnte einen Baum, der ganz nah an Gottes Baum stand.

Eva ging allein durch den Garten. Sie kam auch an dem Baum vorbei, auf dem die Schlange lauerte. Plötzlich kroch die Schlange hervor. Sie fragte

Eva: „Hat Gott wirklich gesagt, dass ihr von den Früchten der Bäume im Garten nicht essen dürft?"

Eva antwortete: „Doch, wir dürfen die Früchte essen. Nur von dem Baum hier in der Mitte des Gartens dürfen wir nichts nehmen. Er gehört Gott. Und Gott hat zu uns gesagt: ‚Esst nichts davon! Sonst müsst ihr sterben.'"

Da sprach die Schlange zu Eva: „Ihr werdet bestimmt nicht davon sterben. Gott gönnt euch die Früchte dieses Baumes nicht. Er will sie für sich allein behalten. Sieh dir den Baum doch an! Er hat besonders leckere Früchte. Wenn ihr sie esst, werdet ihr so viel wissen wie Gott. Dann könnt ihr euer Leben selbst einrichten und braucht Gott nicht mehr."

Eva sah sich den Gottesbaum genau an. Er war wirklich verlockend. „Wäre es nicht schön, so klug wie Gott zu sein?", dachte sie. Und schon pflückte sie eine Frucht und biss davon ab.

Dann rief sie Adam und gab ihm die Frucht. Auch er aß davon.

Da sahen Adam und Eva plötzlich die Welt mit anderen Augen. Sie merkten, dass sie unbekleidet waren. Sie schämten sich voreinander. Schnell nahmen sie große Blätter von den Feigenbäumen. Sie flochten sie zusammen und bedeckten sich damit. Auch vor Gott hatten sie mit einem Mal Angst. Sie versteckten sich vor ihm zwischen den Bäumen im Garten.

Am Abend wurde es kühl und Gott kam in den Garten.

Gott rief: „Adam, wo bist du?"

„Hier bin ich", antwortete Adam. „Ich hörte dich kommen und bekam Angst. Ich habe mich versteckt. Ich bin unbekleidet."

Jetzt war Gott ganz nah. Er sagte: „Warum hast du Angst vor mir? Und wer hat dir gesagt, dass du unbekleidet bist? Hast du von den verbotenen Früchten gegessen?"

„Ich habe keine Schuld", antwortete Adam. „Eva ist schuld. Sie hat zuerst von deinem Baum gegessen und mir eine Frucht davon gegeben."

Gott wandte sich an Eva. Er fragte sie: „Warum hast du das getan?"

Eva verteidigte sich: „Die Schlange ist schuld. Sie hat mich dazu verführt. Sie hat gesagt: ‚Iss von Gottes Baum! Dann wirst du klug und mächtig wie Gott!' Die Schlange war es!"

Da sagte Gott zu der Schlange: „Du hast Böses getan. Darum bestrafe ich dich. Auf dem Bauch sollst du im Staub kriechen und der Mensch wird dein Feind. Du wirst ihn in den Fuß beißen und er wird dich tottreten."

Dann sprach Gott zu Eva: „Du hättest nicht auf die Stimme des Bösen hören sollen! Nun wirst du es schwer haben, wenn du Mutter wirst. Unter Schmerzen wirst du deine Kinder zur Welt bringen. Und auch dein Mann wird dich nicht immer richtig behandeln."

Zu Adam sagte Gott: „Du hast auf deine Frau gehört und mein Gebot übertreten. Dafür sollst du es schwer haben bei deiner Arbeit. Auf deinem Feld sollen Dornen und Disteln wachsen. Im Schweiß deines Angesichtes wirst du dein Brot essen. Am Ende sollst du sterben. Du bist vergänglich und musst zu Staub werden."

Dann vertrieb Gott Adam und Eva aus seinem Garten Eden. Die schöne Zeit im Paradies bei Gott war vorbei. Sie mussten nun woanders leben. Aber auch dort war Gott. Er verließ Adam und Eva nicht. Er half ihnen. Er machte ihnen Kleider aus Fellen. Sie sollten sich nicht mehr schämen. Aber vor seinen Garten stellte Gott starke Wächter, Engel mit blitzenden Schwertern. Kein Mensch sollte mehr zum Gottesbaum kommen.

1. Mose 3, 1–19. 21. 24

Kain und Abel

Eva wurde Mutter. Sie bekam einen Sohn.

Als das Kind da war, freute sie sich mächtig. Sie sagte: „Mit Gottes Hilfe habe ich einen Sohn bekommen." Sie nannte ihn Kain.

Adam und Eva bekamen noch einen zweiten Sohn. Den nannten sie Abel. Auch über Abel freuten sie sich sehr.

Als die beiden Brüder groß waren, mussten sie arbeiten.

Kain wurde ein Bauer. Er arbeitete von früh bis spät auf dem Feld. Er passte auf, dass das Korn wuchs. Er kämpfte mit Dornen und Disteln.

Abel wurde ein Hirt. Er kümmerte sich um seine Schafe. Oft zog er mit ihnen durch das Land und suchte gute Weideplätze für sie. Manchmal musste Abel auch wilde Raubtiere abwehren.

Eines Tages kamen beide Brüder draußen im Freien zusammen. Sie wollten Gott ehren. Sie trugen Steine zusammen und legten eine feste Platte obenauf. So baute jeder einen Altar für sich.

Abel nahm eins von seinen schönsten Lämmern. Er schlachtete es und brachte es Gott zum Opfer. Er verbrannte die besten Stücke auf dem Altar. Der Rauch stieg auf. Gott freute sich und nahm Abels Opfer an.

Kain brachte Gott von seinen Feldfrüchten ein Opfer. Er nahm Mehl und Korn, Wein und Öl und verbrannte die Gaben auf seinem Altar.

Aber Kain merkte, dass Gott keine Freude an ihm hatte. Gott nahm Kains Opfer nicht an.

Da wurde Kain neidisch und zornig auf seinen Bruder. Er dachte: „Meinem Bruder gelingt alles. Er hat eine große Schafherde. Gott ist freundlich zu ihm. Mir aber misslingt vieles. Mein Feld hat nur wenig getragen. Mein Wein ist vom Hagel zerstört. Warum sieht Gott mich nicht so freundlich an wie meinen Bruder Abel?"

Kains Gesicht wurde finster. Er sah böse vor sich hin. Da merkte er, dass Gott zu ihm sprach.

Gott sagte: „Kain, ich weiß, was du denkst. Aber durch Neid und Zorn wird dein Leben nicht besser. Tu das nicht, was du planst! Du musst Herr über deine bösen Gedanken sein! Ich will dir dabei helfen."

Aber Kain hörte nicht auf Gott. Er rief seinem Bruder zu: „Abel, komm her, ich will dir meine Felder zeigen!"

Als sie auf dem freien Feld waren, fiel Kain über seinen Bruder Abel her und schlug ihn tot.

Gott hatte es gesehen.

„Wo ist dein Bruder Abel?", stellte er Kain zur Rede.

„Das weiß ich nicht", antwortete Kain. „Soll ich mich etwa dauernd um meinen Bruder kümmern?"

„Warum hast du deinen Bruder totgeschlagen?", sagte Gott. „Sein Blut schreit zu mir von der Erde. Es klagt dich an. Du stehst von nun an unter einem Fluch. Du hast das Feld mit dem Blut deines Bruders getränkt. Nun wird auf diesem Feld kein Korn mehr für dich wachsen. Du musst das Land deiner Eltern verlassen. Du sollst heimatlos in der Welt umherirren."

Da bekam Kain große Angst. Er sagte zu Gott: „Diese Strafe ist zu schwer für mich. Du vertreibst mich aus meiner Heimat und von meinen Feldern. Du lässt mich allein. In der Fremde bin ich vogelfrei. Jeder, der mich findet, kann mich töten."

Gott hatte Erbarmen mit Kain. Er sagte zu ihm: „Ich will dich auch in der Fremde schützen. Ich gebe dir mein Zeichen. Jeder soll es sehen: Gott schützt auch den Brudermörder noch. Wenn einer dich tötet, müssen dafür sieben andere Menschen ihr Leben lassen."

Und Gott machte Kain ein Zeichen auf die Stirn.

Dann musste sich Kain auf den Weg machen. Er ging in ein anderes Land.

1. Mose 4, 1–16

Noahs Schiff

Die Menschen vermehrten sich auf der Erde. Sie breiteten sich überall aus. Aber Gott hatte keine Freude an ihnen. Er sah, wie weit es mit ihnen gekommen war. Sie hörten nicht auf Gott. Sie kümmerten sich nicht um das Gute. Sie taten Böses. Da tat es Gott leid, dass er die Menschen geschaffen hatte. Er sagte: „Die Menschheit soll nicht mehr weiterleben. Ich will sie sterben lassen und ausrotten."

Und weil Gott keine Freude mehr an den Menschen hatte, darum hatte er auch keine richtige Freude mehr an den Tieren. Auch die Tiere sollten mit untergehen. Gott dachte: „Vielleicht wäre es besser gewesen, wenn ich die Lebewesen gar nicht geschaffen hätte."

Aber unter den vielen Menschen gab es einen, der war anders als die anderen. Er hieß Noah und war schon ein alter Mann.

Noah glaubte an Gott und richtete sich nach Gottes Willen. Er führte ein Leben, das Gott gefiel. Noah hatte eine Frau und drei Söhne. Auch seine Söhne waren verheiratet.

Gott wollte Noah und seine Familie retten. Darum zog er ihn ins Vertrauen und kündigte ihm an, was er vorhatte.

Gott sagte zu Noah: „Die ganze Menschheit ist böse. Sie tut Unrecht und hört nicht auf mich. Darum will ich mit ihr ein Ende machen. Ich werde eine große Flut über die Erde kommen lassen. Darin sollen alle umkommen, Mensch und Tier. Aber mit dir, Noah, schließe ich einen Bund. Ich verspreche dir: Du sollst mit deiner Familie gerettet werden. Bau dir ein Schiff aus Holz! Dichte alle Ritzen und Löcher mit Pech ab. Das Schiff muss ganz wasserdicht sein. Wenn die Flut kommt, sollst du mit deiner Familie in das Schiff steigen. Dann seid ihr sicher."

Und Gott gab Noah genau an, wie er das Schiff bauen sollte. Er sagte: „Das Schiff soll 150 Meter lang, 25 Meter breit und 15 Meter hoch sein. Oben musst du eine Öffnung als Fenster lassen. Innen soll das Schiff drei Stockwerke haben. Du musst also zwei Zwischendecken einziehen."

Noah hörte genau zu. Er sagte zu Gott: „Ich tue alles, was du sagst. Aber warum muss das Schiff so groß sein?"

Gott antwortete: „Außer dir und deiner Familie sollen auch Tiere in das Schiff kommen. Ich will, dass jede Tierart erhalten bleibt. Nach der Flut

sollen sich die Tiere wieder auf der Erde fortpflanzen. Nimm von allen Tieren ein Paar – ein Männchen und ein Weibchen – zu dir. Darum soll das Schiff so groß sein."

Und Noah tat alles, was Gott ihm befohlen hatte.

Er ging sofort an die Arbeit.

Er fällte viele Bäume in seinem Wald und begann das Schiff zu bauen. Seine Söhne halfen ihm.

Als das Schiff fertig war, holten Noah und seine Söhne die Tiere herbei, wie Gott es gesagt hatte. Auch an Essen und Trinken und an das Futter für die Tiere dachte Noah.

Da sprach Gott zu ihm: „Jetzt müsst ihr in das Schiff einsteigen! In sieben Tagen kommt die große Flut."

Noah brachte zuerst die Tiere in das Schiff. Immer ein Paar von jeder Art.

Das war ein bunter Zug von großen und kleinen Tieren. Es dauerte tagelang, bis alle Tiere eingeladen waren.

Dann ging Noah mit seiner Frau, seinen drei Söhnen und seinen Schwiegertöchtern ins Schiff. Gott selbst schloss die Tür des Schiffes fest zu.

1. Mose 6, 1. 5–22; 7, 1–16

Die große Flut

Noah und seine Familie waren mit den Tieren in Sicherheit. Nun konnte Gott die große Flut kommen lassen. Der Himmel bezog sich mit schwarzen Wolken. Es begann zu regnen und zu stürmen. Es goss in gewaltigen Strömen vom Himmel. Die Brunnen auf der Erde quollen über. Die Flüsse traten über die Ufer. Die Seen wurden unheimlich groß. Die Meere rollten haushohe Wellen heran und verschlangen das Land. Es stürmte und regnete vierzig Tage und Nächte lang in Strömen.

Alles, was auf der Erde gelebt hatte, ertrank. Kein Lebewesen auf der Erde konnte sich retten. Die Landtiere starben, die Vögel und auch die Menschen.

Die Flut erreichte die Flüchtenden überall. Sogar die Berge waren vom Wasser bedeckt. Es stand fünf Meter über den höchsten Gipfeln.

So furchtbar zeigte Gott, dass er der Herr war. So furchtbar vergalt er die Sünde der Menschen.

Aber Noahs Schiff mit den Menschen und Tieren schwamm oben auf dem Wasser. Die Flut konnte ihm nichts tun. Das Schiff schwamm ruhig unter Gottes Schutz.

Mitten im Toben der Flut war das Schiff mit Noah ein gutes Zeichen. Gott gab die Erde trotz allem nicht ganz auf. Er wollte dem Leben einen neuen Anfang schenken. Hundertundfünfzig Tage lang stand das große Wasser auf der Erde. Da dachte Gott an die Überlebenden im Schiff. Er befahl dem Wind: „Treib die Wolken weg und hilf, dass die Erde wieder trocken wird!"

Und dem Wasser in den Brunnen und Flüssen und Seen befahl Gott: „Du sollst zurückgehen und deinen alten Platz wieder einnehmen!"
Und dem Meer gebot er: „Räum das Land und zieh dich zurück!"

Da fiel das Wasser. Allmählich traten die Berge wieder hervor. Aber Noah und seine Familie mussten noch Geduld haben. Sie konnten noch lange nicht aus dem Schiff steigen. Das Wasser musste erst noch viel weiter fallen.

Nach einiger Zeit wollte Noah wissen, wie weit das Wasser gesunken war. Er öffnete vorsichtig das Fenster oben im Schiff. Dann ließ er einen Raben hinaus. Der Rabe flog lange hin und her. Er suchte und suchte, bis er eine trockene Stelle fand.

Wieder ließ Noah einen Vogel aus dem Fenster fliegen. Diesmal war es eine Taube. Aber die Taube kam bald wieder zum Schiff zurück. Sie hatte nicht so viel Ausdauer wie der Rabe und entdeckte keinen trockenen Platz.

Noah streckte die Hand aus und holte die Taube wieder ins Schiff. Nun wusste er, dass noch viel Wasser auf der Erde stand.

1. Mose 7, 17–23; 8, 1–9

Der neue Anfang

Nach sieben Tagen ließ Noah die Taube zum zweiten Mal aus dem Schiff fliegen. Erst am Abend kehrte sie zurück. In ihrem Schnabel trug sie ein frisches grünes Blatt von einem Ölbaum.

Sie wurde mit großer Freude begrüßt. Denn nun wussten Noah und seine Familie, dass das Wasser abgeflossen war.

Noah wartete noch einmal sieben Tage. Dann öffnete er das Fenster zum dritten Mal für die Taube.

Sie flog weit weg und kam nicht wieder.

Noah trat an das Dachfenster und hielt Ausschau. Da sah er, dass alles Wasser auf der Erde versickert war.

Und Gott sprach zu Noah: „Nun steig aus dem Schiff mit deiner Frau, deinen Söhnen und deinen Schwiegertöchtern! Und lass auch alle Tiere an die frische Luft! Sie sollen sich draußen erholen. Sie sollen sich wieder vermehren und die Erde füllen."

Da ging Noah mit seiner ganzen Familie aus dem Schiff und ließ auch alle Tiere wieder ins Freie.

Alle waren sie gerettet.

Noah trug große Feldsteine zusammen und baute einen Altar. Er kniete nieder und dankte Gott für die wunderbare Rettung. Er sagte: „Du hast uns vor der großen Flut bewahrt. Wir haben es nicht verdient. Du bist gnädig und barmherzig mit uns gewesen. Dafür danken wir dir von Herzen!"

Gott freute sich über Noah. Er sagte: „Nun soll es einen neuen Anfang mit der Erde geben. Ich will das Leben nicht noch einmal vernichten. Solange es die Erde gibt, sollen Saat und Ernte, Frost und Hitze, Sommer und Winter, Tag und Nacht nicht aufhören."

Dann segnete Gott Noah und seine Familie: „Ich will euch beistehen und euch behüten. Euch und eure Nachkommen. Nie mehr will ich das Leben vernichten. Ich gebe euch ein Zeichen dafür. Schaut zum Himmel und seht euch den Regenbogen an!"

Noah und die Seinen sahen zum Himmel.

Da kam die Sonne durch und beleuchtete die Regenwolken. Und sie sahen einen herrlichen Regenbogen. Er spannte sich über den ganzen Himmel und funkelte prächtig in vielen Farben.

Und Gott sprach: „Dieser Regenbogen ist das Zeichen für meine Treue. Ich schließe mit allen lebenden Wesen einen Bund für alle Zeit. Immer wenn der Bogen in den Wolken erscheint, sollt ihr euch an mein Versprechen erinnern. Ich liebe das Leben und will alle Tage bei euch sein!"

1. Mose 8, 10–22; 9, 1. 8–17

Der Turmbau zu Babel

Gott hatte den Menschen viel Macht gegeben. Sie erfanden viele Dinge. Sie machten sich Kleider und Anzüge. Sie legten Felder an und züchteten Vieh. Sie bauten Schiffe und fuhren auf dem Wasser.

Zuerst wohnten die Menschen in Zelten. Sie hatten noch keinen festen Wohnsitz. Sie brachen immer wieder auf und wanderten weiter. Sie mussten neue Weideplätze für ihre Herden suchen.

Eines Tages kamen die Menschen in das Land Babylonien. Hier gab es eine fruchtbare Tiefebene zwischen zwei Flüssen. An ihren Ufern gab es genug grüne Weiden für die Tiere.

„Hier ist es schön", sagten die Menschen. „Hier wollen wir bleiben."

Einige meinten: „Wenn wir hier bleiben wollen, dann brauchen wir unsere Zelte nicht mehr. Lasst uns feste Häuser bauen, eine ganze Stadt!"

Die anderen fanden den Gedanken sehr gut. Sie stimmten zu. Sie sagten: „Los, lasst uns anfangen! Wir machen Ziegelsteine."

Alle machten mit. Die einen begannen, Ziegel zu streichen und zu brennen. Andere bereiteten Mörtel vor.

Zuerst wurden die Mauersteine hingelegt. Dann kam Mörtel zwischen die Ritzen der Steine. Die Steine sollten fest aufeinanderliegen und zusammenhalten.

Die Mauern und Gebäude wuchsen und wuchsen. Immer mehr Wohnungen und Häuser entstanden. Alle Menschen halfen tüchtig mit. Jeder freute sich auf die neue Stadt. Sie sollte Babel heißen.

Gut war, dass alle Menschen eine gemeinsame Sprache hatten. Jeder verstand den anderen sofort, wenn er etwas wollte.

Einer stand ganz oben auf dem Baugerüst. Er rief einem anderen zu: „Wir brauchen hier oben noch Ziegelsteine!" Der gab den Ruf weiter. Am Boden wurden die Steine rasch von einem dritten Arbeiter zusammengeholt. Ein vierter beförderte sie nach oben. So ging die Arbeit gut voran.

Eigentlich hätten die Menschen viel Grund gehabt, Gott zu danken. Sie hätten zu Gott sagen können: „Wir danken dir für das fruchtbare Land, in dem wir wohnen. Wir danken dir für die Arbeit. Sie gelingt uns und macht uns Freude. Wir danken dir, dass wir zusammen sind und uns verstehen. Wir wollen deinen Namen unter uns ehren."

Stattdessen kamen die Menschen auf ganz andere Gedanken. Sie sahen, dass der Bau der Stadt Fortschritte machte.

„Wir können noch mehr", sagten sie. „Wir wollen einen riesigen Turm bauen. Der soll so hoch sein, dass er bis an den Himmel reicht. Damit machen wir uns einen großen Namen für alle Zeiten."

Dieser Plan begeisterte alle. Rasch gingen sie an das neue Werk. Schon bald erhob sich über der Stadt Babel eine gewaltige Baustelle. Hier sollte der stolze Turm der Menschen entstehen. Er sollte Gott und der Welt zeigen, wie mächtig und tüchtig sie waren.

Einige dachten bei der Arbeit: „Jetzt sind wir bald so groß und mächtig wie Gott." Und dieser Gedanke beflügelte sie.

Andere standen vor der Baustelle und sagten: „Dieser Turmbau wird uns zusammenhalten. Er wird das Zeichen unserer Einheit sein. So werden wir niemals über die Erde zerstreut werden."

Die Menschen waren wie besessen. Sie wollten hoch hinaus und dachten nur an ihren Ruhm. So wurde der Turm höher und höher.

Aber von Gottes Himmel her sah die Stadt Babel mit ihrem Turm klein wie ein Ameisenhaufen aus. Gott hätte darüber lachen können. Aber er tat es nicht. Er war traurig und zornig über den Hochmut der Menschen.

„Wohin wird dieser Hochmut noch führen?", sagte Gott. „Wenn sie diesen Turmbau vollendet haben, werden sie meinen, sie könnten alles. Die Menschen müssen merken, wo ihre Grenzen sind. Sie dürfen nicht alles tun, was sie können! Ich will ihre Sprache durcheinanderbringen, damit keiner den anderen mehr verstehen kann."

Und so geschah es.

Gott verwirrte die Sprache der Menschen. Kein Mensch in Babel verstand mehr den anderen. Jeder redete Worte, die der andere nicht begriff.

„Ich brauche einen Eimer mit Mörtel", sagte einer. Aber er bekam von seinem Kameraden den Hammer gereicht.

Ein anderer rief: „Gib mal den Bauplan her!" Aber was er erhielt, war eine Leiter.

Die Bauarbeiten am Turm konnten nicht fortgesetzt werden. Die Leute konnten sich nicht mehr verständigen. So blieb die Arbeit liegen. Einer nach dem anderen ging davon. Die Menschen liefen auseinander und wurden über die ganze Erde zerstreut.

Der Turm zu Babel blieb unfertig stehen und verfiel – eine mahnende Ruine.

1. Mose 11, 1–9

Vätergeschichten

Abraham verlässt seine Heimat

Abraham lebte vor über dreitausend Jahren. Er war in der Stadt Haran zu Hause, in einem Land zwischen zwei großen Flüssen. Man nennt es das Zweistromland.

Abraham wohnte mit seiner Familie und seinen Knechten und Mägden in einfachen Zelten. Er besaß Schafe und Ziegen und trieb seine Herde durch die Steppe, um Gras zum Futter für sie zu finden.

Wenn die Tiere an einer Stelle das Gras abgefressen hatten, packten Abraham und seine Knechte die Zelte zusammen und zogen weiter. Immer waren sie auf der Suche nach Wasser und guten Weideplätzen.

Eines Tages sprach Gott zu Abraham: „Geh fort aus deinem Land! Verlass deine Heimat, deine Verwandten und Freunde und geh in ein anderes Land! Ich will es dir zeigen."

Aber Gott gab Abraham nicht nur einen Befehl, er versprach ihm auch seine Hilfe. Er sagte: „Ich will dich auf deinem Weg behüten. Du sollst viele Nachkommen haben. Ich werde dich zum Vater eines mächtigen Volkes machen. Ja, dein Name soll in aller Welt berühmt werden. Und du sollst ein Segen für alle Menschen sein."

Abraham war fünfundsiebzig Jahre alt, als Gott zu ihm sprach. Ein Aufbruch war in seinem Alter ein großes Wagnis. Er hing an seinem Land. Er liebte seine Familie und Freunde. Das neue Land war unbekannt.

Und trotzdem gehorchte Abraham Gottes Worten. Er wagte den Auszug aus seiner Heimat.

„Wenn Gott es will, wird es gut sein. Auch wenn ich es nicht verstehe", dachte er. „Gott wird mich führen."

Er vertraute fest auf Gott.

Abraham nahm seine Frau Sarah und Lot, seinen Neffen, mit auf die Wanderung. Seine Knechte, Mägde und seine Viehherde begleiteten ihn.

So zogen sie lange Tage und Wochen durch die Wüste. Schließlich kamen sie in das Land Kanaan. Sie wanderten durch das ganze Land bis zur Stadt Sichem.

Dort war ein heiliger Ort mit einer großen alten Eiche. Hier schlug Abraham seine Zelte auf und ruhte sich mit den Seinen aus.

In der Nacht sprach Gott zu Abraham und sagte: „Dies ist das Land, das ich dir versprochen habe. Ich will es dir und deinen Nachkommen geben."

Am nächsten Tag baute Abraham an dieser Stelle einen Altar für Gott und brachte ihm ein Opfer. Er betete und dankte Gott dafür, dass er ihn hierhergeführt hatte und ihm erschienen war.

Dann zog Abraham weiter in das Bergland von Bethel. Auch dort baute er einen Altar für Gott und redete mit ihm im Gebet.

1. Mose 12, 1–8

Gottes Bund mit Abraham

Es war in der Nacht. Abraham schlief. Da erschien ihm Gott.

Gott sagte: „Abraham, hab keine Angst! Ich werde dich beschützen und reich belohnen."

Aber Abraham antwortete traurig: „Herr, mein Gott, wozu willst du mich reich belohnen? Was soll ich mit meinem ganzen Besitz? Ich habe doch keine Kinder. Und wenn ich sterbe, dann bekommt alles einer meiner Knechte."

„Nein", sagte Gott, „ich will dir einen eigenen Sohn geben, Abraham. Und der soll dein Erbe sein."

Und Gott führte Abraham aus dem Zelt und zeigte ihm den Sternenhimmel. Viele herrliche Sterne leuchteten und funkelten über dem nächtlichen Land.

„Siehst du die Sterne?", fragte Gott. „Guck sie dir genau an. Kannst du sie zählen? So unzählbar wie die Sterne am Himmel werden deine Nachkommen sein."

Und Abraham glaubte Gott und nahm sein Versprechen ernst.

Da hatte Gott Freude an ihm.

36

Als es Tag war, sagte Gott zu Abraham: „Sieh dich nach allen Seiten um! Das ganze Land, das du von hier aus sehen kannst, will ich dir und deinen Nachkommen geben."

Und Gott sprach weiter: „Bück dich, Abraham, und betrachte den Erdboden! Da siehst du unzählige Staubkörner. So viel Staub es auf dem Erdboden gibt, so zahlreich werden deine Nachkommen sein."

Als es wieder Abend geworden und die Sonne untergegangen war, fiel Abraham in einen tiefen Schlaf. Eine unheimliche Angst kam über ihn.

Gott sagte: „Abraham, du spürst, was deine Nachkommen für Angst und Bedrückung erleben müssen. Sie werden als Fremde in einem Land leben, das ihnen nicht gehört. Man wird sie unterdrücken und zwingen, Sklavendienste zu tun. Man wird sie ungerecht und unmenschlich behandeln. Aber ich werde sie befreien und dafür sorgen, dass sie in dieses Land zurückkehren. Hier werden sie Heimat und Frieden haben. Und du selbst, Abraham, wirst sehr alt werden und am Ende zufrieden sterben."

Da konnte Abraham auf einmal wieder frei atmen und seine Angst war völlig von ihm genommen.

Und Gott sagte: „Abraham, ich schließe mit dir einen Bund. Du sollst tun, was ich sage, und ich will mein Versprechen, das ich dir gegeben habe, erfüllen. Du wirst unermesslich viele Nachkommen haben und sogar Könige sollen von dir abstammen. Dieses Land soll für immer dir und deinen Nachkommen gehören."

Da warf sich Abraham vor Gott zu Boden und betete ihn an.

1. Mose 15, 1–6. 12–15; 17, 1–6; 22, 17

Engel in Menschengestalt

Um die heiße Mittagszeit saß Abraham vor seinem Zelt im Schatten der Eichen.

Da sah er, wie drei fremde Wanderer den Weg daherkamen. Er lief ihnen entgegen, verneigte sich freundlich vor ihnen und lud sie zu sich ein.

Er sagte: „Macht mir die Freude und kehrt bei mir ein! Ich hole gleich Wasser. Dann könnt ihr euch erfrischen und eure Füße von der Wanderung

kühlen. Ich will auch etwas zu essen und trinken bringen. Macht es euch doch inzwischen im Schatten der Bäume bequem."

„Ja", sagten die drei Fremden, „es ist uns recht. Wir bleiben gern ein bisschen bei dir. Tu, was du gesagt hast."

Abraham rief seine Frau: „Sarah, rasch, nimm von deinem besten Mehl und backe Brot! Wir haben drei Gäste. Sie sind hungrig."

Dann ging er zu seiner Viehherde. Er suchte ein gesundes Kalb aus und schlachtete es. Er befahl einem seiner Knechte: „Beeil dich und bereite es zu! Wir haben Gäste." Bald war der Kalbsbraten fertig. Abraham trug ihn auf und bot ihn seinen Gästen an. Er brachte auch Milch und Butter und das frisch gebackene Brot.

Die drei Wanderer ließen es sich schmecken. Nach der Mahlzeit fragten sie: „Wo ist denn deine Frau, Abraham?"

„Sie ist im Zelt bei der Arbeit", antwortete Abraham.

Da sagte einer der Männer: „Im nächsten Jahr um diese Zeit kommen wir wieder und besuchen dich. Dann hat deine Frau Sarah einen Sohn."

Abraham wunderte sich, dass die drei seinen Kummer kannten. Noch mehr staunte er über das, was sie sagten. Mit einem Mal merkte er, wer bei ihm eingekehrt war. Gott hatte ihm drei Boten gesandt, drei Engel in Menschengestalt.

Sarah stand im Zelt hinter dem Eingang und lauschte. Sie hörte alles und lachte vor sich hin. Sie dachte: „Ich bin eine alte Frau, fast schon eine Großmutter, und Abraham ist noch älter als ich. Wie sollen wir da noch ein Kind kriegen? Das gibt es doch nicht!"

„Warum lacht Sarah?", sagte einer der drei zu Abraham. „Zweifelt sie daran, dass sie in ihrem Alter ein Kind bekommen wird? Für Gott ist nichts unmöglich. Er wird ein Wunder tun. Nächstes Jahr um diese Zeit, wenn wir wiederkommen, hat Sarah einen Sohn."

Sarah kam aus dem Zelt und sagte: „Ich habe nicht gelacht." Sie hatte es mit der Angst bekommen. Denn auch sie merkte, wer die Fremden waren.

„Doch", sagten die Männer, „du hast gelacht."

Damit verabschiedeten sich die drei Wanderer und machten sich wieder auf den Weg. Abraham begleitete sie noch ein Stück.

Nach einem Jahr bekam Sarah einen Sohn. Die Eltern waren überglücklich. Sie konnten das Wunder gar nicht fassen. Abraham nannte seinen kleinen Sohn Isaak.

Sarah meinte: „Der Name passt gut. Denn Gott hat mir ein Lachen bereitet. Jeder, der davon hört, wird mit mir lachen."

Abraham freute sich, wenn er den kleinen Isaak sah. „Nun habe ich doch einen Sohn", dachte er. „Gott hat sein Versprechen erfüllt. Nun geht das Leben weiter, auch wenn ich sterben muss."

1. Mose 18, 1–16; 21, 1–7

Gott stellt Abraham auf die Probe

Isaak war größer geworden. Da stellte Gott Abraham auf die Probe. Er wollte sehen, ob Abraham ihm wirklich ganz vertraute und gehorchte.

„Abraham!", sagte Gott.

„Hier bin ich. Ich höre dich", antwortete Abraham. „Was soll ich tun?"

Und Gott sprach: „Nimm Isaak, deinen einzigen Sohn, den du lieb hast, und bringe ihn mir zum Opfer! Du sollst dich von ihm trennen und ihn mir zurückgeben. Geh mit ihm in das Land Morija auf einen Berg, den ich dir zeigen werde. Da bau einen Altar und opfere mir deinen Sohn Isaak."

Abraham erschrak. Schrecklicher konnte nichts sein. Den eigenen Sohn? Wollte Gott das wirklich?

Er dachte: „Warum verlangt Gott so Furchtbares von mir? Ist er denn so grausam wie die anderen Götter hier im Land, die sich die Menschen ausgedacht haben? Denen bringen sie ihre eigenen Kinder zum Opfer. Ist

Gott nicht viel gütiger und liebevoller als diese falschen Götter? Und wo bleibt das Versprechen, das Gott mir gegeben hat: Ich will dich zum Vater vieler Völker machen?"

Trotzdem gehorchte Abraham. Tief in ihm war ein festes Vertrauen: Wenn Gott es sagt, muss ich es tun. Auch wenn ich seinen Plan nicht durchschaue und begreife.

Am frühen Morgen stand er auf. Er machte Holz klein für das Opferfeuer. Er holte seinen Esel und bepackte ihn damit.

Dann nahm er Isaak an die Hand und zog mit zwei Knechten los. Am dritten Tag sah er den Berg in der Ferne.

Er hielt an und sagte zu seinen Knechten: „Bleibt ihr hier mit dem Esel! Ich gehe mit meinem Jungen auf den Berg dahinten. Dort wollen wir beten. Nachher kommen wir wieder zurück."

Abraham nahm die Holzstücke vom Esel und band sie Isaak auf den Rücken. Er selbst ergriff die Schale mit den glühenden Kohlen und das Messer. So gingen die beiden los.

Nach einer Weile sagte Isaak: „Vater!"

Abraham sprach: „Ja, mein Sohn?"

„Wir haben Holz und glühende Kohlen", sagte Isaak, „aber wo ist das Schaf für das Opfer?"

„Gott wird schon ein Schaf für das Opfer finden", antwortete Abraham.

So gingen die beiden weiter. Sie kamen auf den Berg. Abraham sammelte Steine und baute einen Altar. Dann schichtete er die Holzscheite auf.

Er fesselte Isaak und legte ihn auf den Altar, oben auf das Holz. Seinen Sohn, den er liebte. Von dem Gott gesagt hatte: „Ein großes Volk soll von ihm kommen."

Schon griff Abraham nach dem Messer, um Isaak zu opfern.

Da hörte er Gottes Stimme: „Abraham! Abraham!"

Abraham ließ das Messer sinken und sagte: „Hier bin ich. Herr, was willst du?"

Und Gott sprach: „Tu dem Jungen nichts an! Er soll nicht sterben. Er soll leben. Jetzt weiß ich, dass du mir gehorsam bist. Du warst bereit, mir deinen Sohn zurückzugeben. Deinen einzigen Sohn, den du liebst."

Abraham blickte auf. Da sah er einen jungen Widder, der sich mit seinen Hörnern im Gestrüpp verfangen hatte.

Abraham nahm das Tier und schlachtete es.

Er wusste, Gott hatte es ihm geschickt. So brachte er Gott ein Opfer auf dem Altar. Ein Opfer anstelle seines Sohnes Isaak.

Abraham gab diesem Ort den Namen Gott-sorgt-vor.

Denn Gott hatte dafür vorgesorgt, dass Isaak nicht sterben musste. Dass ein anderes Opfer da war.

Noch einmal sprach Gott: „Ich will dich reich beschenken und belohnen, Abraham, weil du mir gehorcht hast und mir deinen Sohn opfern wolltest. Ich will dich segnen. Deine Nachkommen werden so zahlreich sein wie die Sterne am Himmel und wie die Sandkörner am Meeresstrand."

Abraham kehrte mit Isaak wieder zu den beiden Knechten zurück. Dann zogen sie nach Beerseba und blieben dort wohnen.

1. Mose 22, 1–19

Eine Frau für Isaak

Die Jahre kamen und gingen. Sarah, Abrahams Frau, starb. Abraham begrub sie in der Stadt Hebron. Dort hatte er ein Familiengrab gekauft.

Abraham selbst war sehr alt geworden. Er dachte oft an die Zukunft seines Sohnes Isaak. Eines Tages rief er seinen ältesten Knecht zu sich und sagte zu ihm: „Du weißt, du bist mein Vertrauter. Du verwaltest meinen ganzen Besitz. Du sollst für meinen Sohn Isaak eine Frau suchen. Sie soll aus meiner Heimat in Haran sein. Versprich mir, dass du in meine Heimat gehst und von dort eine Frau für Isaak holst!"

Der Knecht fragte: „Was soll ich aber machen, wenn das Mädchen nicht mit mir kommen will? Soll ich dann Isaak in deine alte Heimat bringen?"

„Das darfst du auf keinen Fall tun!", antwortete Abraham. „Gott hat mich aus meiner Heimat und von meiner Verwandtschaft weggeführt, damit ich mit meinen Nachkommen hier in diesem Land lebe. Dieses Land hier in Kanaan hat er uns versprochen. Wenn das Mädchen, das du für Isaak aussuchst, wirklich nicht mitkommen will, dann brauchst du dein Versprechen nicht einzuhalten. Aber Gott wird seinen Engel vor dir herschicken, damit du in Haran eine Frau für Isaak findest."

Der Knecht gab Abraham sein festes Versprechen, das zu tun, was Abraham ihm gesagt hatte. Dann nahm er zehn Kamele und kostbare Geschenke aus Abrahams Besitz und zog in das Zweistromland zur Stadt Haran.

Am Brunnen vor der Stadt hielt er an und ließ die Kamele sich lagern. Es war Abend, um die Zeit, in der die Frauen und Mädchen zum Wasserholen kamen.

Der Knecht setzte sich und betete: „Herr, du Gott Abrahams, gib mir Glück und lass mich die Richtige finden! Gleich kommen die jungen Mädchen aus der Stadt und schöpfen hier am Brunnen Wasser. Ich will zu einem Mädchen sagen: Gib mir bitte deinen Krug und lass mich daraus trinken! Und wenn das Mädchen dann sagt: Gern, trink nur! Ich will auch deine Kamele tränken – dann soll es die Frau sein, die du für Isaak bestimmt hast. Daran lass mich erkennen, dass du den Wunsch meines Herrn erfüllst."

Kaum hatte der Knecht sein Gebet beendet, da kam ein sehr schönes Mädchen, das einen Wasserkrug auf der Schulter trug. Es war Rebekka, eine Verwandte von Abraham. Sie war noch unverheiratet.

Das Mädchen stieg die Stufen zum Brunnen hinab, füllte den Krug mit frischem Wasser, hob ihn auf ihre Schulter und kam wieder herauf.

Schnell trat der Knecht auf sie zu und bat sie: „Gib mir einen Schluck Wasser aus deinem Krug. Ich habe Durst."

„Gern", sagte das junge Mädchen und hielt ihm den Krug hin.

Als er seinen Durst gelöscht hatte, sagte es: „Deine Kamele sollen auch Wasser haben."

Sie leerte den Krug vor den Kamelen in der Tränkrinne und holte so viel Wasser, bis alle Tiere genug zu trinken hatten.

Schweigend sah der Knecht zu. Er dachte daran, ob Gott seine Reise gelingen lassen würde.

Als die Kamele getrunken hatten, holte er aus seinem Gepäck einen kostbaren Ring und zwei schwere Armreifen hervor, alles aus Gold, und schenkte sie dem Mädchen.

„Wie heißt du?", fragte der Mann. „Und wessen Tochter bist du?"

„Ich bin Rebekka", antwortete das Mädchen. „Und mein Vater heißt Betuel."

„Können wir wohl bei euch übernachten? Hat euer Haus Platz genug?"

„Ja", sagte Rebekka, „Platz haben wir genug. Auch Stroh und Futter für die Tiere ist reichlich da."

Da kniete der Mann nieder und betete: „Ich danke dir, Herr, du Gott Abrahams! Du fügst alles so wunderbar. Nun wirst du Abrahams Wunsch erfüllen."

Das Mädchen war inzwischen nach Hause gelaufen. Dort erzählte sie alles, was sie erlebt hatte.

Rebekka hatte einen Bruder, er hieß Laban. Er sah den goldenen Schmuck, den seine Schwester trug, und hörte, was der Mann zu ihr gesagt hatte. Rasch lief er zum Brunnen vor die Stadt. Dort wartete der Knecht noch mit seinen Kamelen.

Laban begrüßte ihn und lud ihn ein: „Komm zu uns! Warum bleibst du hier draußen stehen? Du bringst Gottes Segen in unser Haus. Wir haben schon alles für dich vorbereitet. Auch für deine Tiere ist genug Platz."

So kam der Knecht Abrahams in das Haus von Betuel und Laban.

Dort wurde er sehr herzlich empfangen. Rebekkas Familie wollte ihn gleich mit Essen und Trinken bewirten. Aber der Mann sagte: „Zuerst möchte ich meinen Auftrag erfüllen."

„So rede! Wir hören zu", sprachen seine Gastgeber.

Und der Knecht erzählte von Abraham und Isaak und von seiner Reise.

Er sagte: „Abraham hat mich hierhergeschickt. Ich soll für Isaak eine Frau holen aus seiner alten Heimat. Gott hat mich wunderbar geführt und in euer Haus gebracht. Er hat mir gezeigt, dass Rebekka die Frau ist, die Isaak haben soll."

Und er erzählte, wie er dem Mädchen am Brunnen begegnete und wie Gott sein Gebet erhört hatte.

Zuletzt sagte er: „So bitte ich nun für den Sohn meines Herrn um die Tochter dieses Hauses. Sagt mir, ob ihr Rebekka mit mir ziehen lassen wollt, damit sie Isaaks Frau werden kann."

Die Eltern und Laban sagten: „Hinter dieser Sache steht Gott der Herr. Darum können wir uns nur freuen. Wir richten uns gern nach Gottes Willen. Nimm Rebekka mit! Sie soll den Sohn deines Herrn zum Mann haben, wie es bestimmt ist."

Als der Mann das hörte, dankte er Gott von ganzem Herzen. Nun war das Ziel seiner Reise erreicht.

Dann packte er weitere Geschenke für Rebekka aus, Kleider und Schmuckstücke aus Silber und Gold. Auch die anderen bekamen Kostbarkeiten aus dem Reichtum Abrahams.

Man aß und trank und saß fröhlich zusammen.

Am nächsten Morgen stand Abrahams Knecht früh auf. Er sagte zu seinen Gastgebern: „Ich möchte jetzt zu meinem Herrn zurückkehren."

Rebekkas Mutter bat ihn: „Lass das Mädchen doch noch ein paar Tage bei uns. Danach kannst du auf die Reise gehen und Rebekka mitnehmen."

Aber der Mann erwiderte: „Ich möchte nicht länger warten. Gott hat meine Reise gesegnet. Ich möchte so schnell wie möglich zu Abraham zurück. Ich weiß, dass er wartet."

Da sagten die Eltern: „Wir wollen Rebekka selbst fragen."

Sie riefen das Mädchen und fragten: „Willst du heute schon fort und mit diesem Mann nach Kanaan gehen?"

„Ja, ich will", sagte Rebekka.

Die Eltern segneten ihre Tochter und sprachen: „Werde glücklich! Gott behüte dich allezeit!"

Dann machten sich Rebekka und ihre Mägde zur Abreise bereit und setzten sich auf die Kamele. Mit dem Knecht Abrahams zogen sie davon.

Isaak war gerade auf dem Feld. Es war Abendzeit. Da sah er mit einem Mal Kamele kommen. Er ging ihnen entgegen.

Rebekka sah Isaak kommen. Sie stieg schnell vom Kamel und fragte Abrahams Knecht: „Wer ist dieser Mann, der uns da entgegenkommt?"

„Es ist der Sohn meines Herrn", sagte der Knecht.

Und Rebekka bedeckte ihr Gesicht mit dem Schleier.

Der Knecht erzählte zu Hause, wie die Reise verlaufen war. Alle waren hocherfreut. Sie dankten Gott, dass er Abrahams Wunsch erfüllt hatte.

Isaak und Rebekka wurden Mann und Frau und gewannen sich lieb. So wurde Isaak über den Tod seiner Mutter getröstet.

Abraham aber starb bald danach in einem sehr hohen Alter. Er wurde neben seiner Frau Sarah begraben.

Die Menschen erzählten immer wieder von Abrahams festem Gottvertrauen. Er wurde der Vater des Glaubens genannt.

1. Mose 23, 1–2. 19; 24, 1–67; 25, 7–10

Jakob und Esau

Rebekka bekam keine Kinder. Isaak betete und sprach: „Herr, gib uns Kinder!"

Gott erhörte seine Bitte. Rebekka bekam Zwillinge.

Als Erster wurde Esau geboren. Er hatte rötliche Haare an seinem Körper. Der zweite Sohn hatte eine glatte, zarte Haut. Er wurde Jakob genannt.

Die beiden Brüder wuchsen heran. Esau wurde ein Jäger. Er liebte es, durch die Steppe zu streifen.

Jakob blieb lieber bei den Zelten. Er wurde ein Hirt.

Vater Isaak aß gern gebratenes Wild. Darum schätzte er Esau und seinen Beruf. Jakob aber war der Lieblingssohn der Mutter.

Einmal kam Esau von der Jagd. Er war müde und hungrig.

Jakob hatte gerade Linsen gekocht. Die Suppe duftete lecker.

„Ich habe großen Hunger", sagte Esau. „Schnell, gib mir etwas von dem Linsengericht, Jakob!"

Jakob war listig. Er wollte gern der Erste sein. Er wusste, dass Esau als Erstgeborener Vorrechte hatte. Die wollte Jakob für sich haben. So antwortete er seinem Bruder: „Du bekommst nur etwas von der Linsensuppe, wenn du mir dein Recht als Erstgeborener gibst!"

„Ich verhungere gleich", sagte Esau, „was nützt mir da mein Vorrecht als erster Sohn! Du kannst es haben."

Da gab ihm Jakob Linsensuppe und Brot. Esau aß und trank sich satt, stand auf und ging weg.

Aber Jakob wollte noch mehr. Er wollte auch den Segen des Vaters haben, der nur dem ältesten Sohn zustand. Segen, das wusste Jakob, war die Kraft des Lebens. Wenn man ihn hatte, dann musste einem viel glücken.

Isaak war alt geworden und konnte nicht mehr sehen. Er rief Esau zu sich und sagte: „Ich bin alt. Vielleicht sterbe ich bald. Nimm Pfeil und Bogen, dein Jagdzeug, und jage mir ein Stück Wild. Bereite es mir so zu, wie ich es gernhabe. Dann will ich mich stärken und dich segnen."

Rebekka hatte gelauscht. Als Esau weggegangen war, um für seinen Vater das Wild zu jagen, rief sie Jakob und erzählte ihm, was sie gehört hatte.

Dann sagte sie: „Jakob, du holst mir jetzt von der Herde zwei schöne junge Ziegenböcke. Ich bereite sie zu, wie es dein Vater gernhat, und dann bringst du ihm die Mahlzeit. Er wird sich stärken und dich segnen. Denn er wird denken, du bist Esau."

„Aber Esau ist behaart und meine Haut ist glatt", sagte Jakob. „Das wird der Vater doch merken, wenn er mich berührt."

„Das lass meine Sorge sein", erwiderte Rebekka. „Tu, was ich dir gesagt habe."

Jakob holte zwei junge Böcke und seine Mutter bereitete sie zu einer Mahlzeit nach dem Geschmack des Vaters. Sie holte das Festgewand Esaus herbei, das sie aufbewahrte, und zog es Jakob an.

Dann zerschnitt sie das Fell der Ziegenböcke und legte die Fellstücke Jakob um die Handgelenke und um den Hals. Sie gab Jakob den Braten und dazu frisches Brot und schickte ihn zu seinem Vater.

„Welcher von meinen Söhnen bist du?", fragte Isaak, als er Jakob kommen hörte.

„Ich bin Esau, dein ältester Sohn", log Jakob. „Ich habe deinen Wunsch erfüllt und dir Wild mitgebracht. Es ist so zubereitet, wie du es magst. Iss den Braten und stärke dich. Dann kannst du mich segnen."

„Das ging aber schnell", sagte Isaak. „Wie hast du das Wild so rasch gefunden?"

„Gott schickte es mir über den Weg, Vater. So konnte ich es erlegen."

„Komm her zu mir", sagte Isaak, „ich will dich anfassen, ob du es wirklich bist, mein Sohn Esau."

46

Jakob trat zu seinem Vater. Der fasste ihn an und sagte: „Der Stimme nach ist es Jakob, aber die Hände sind rau wie Esaus Hände."

Und er erkannte ihn nicht. Isaak aß den Braten und Jakob reichte ihm dazu Wein.

Dann sagte der Vater: „Komm her, mein Sohn, und gib mir einen Kuss."

Jakob ging zum Vater und küsste ihn. Als Isaak das Gewand von Esau roch, segnete er seinen Sohn und sprach: „Gott schenke dir den Tau vom Himmel und mache deine Felder fruchtbar, dass sie dir viel Korn und Wein bringen. Völker sollen sich vor dir neigen und dir dienen.

Sei ein Herrscher über deine Brüder!

Sie sollen sich in Ehrfurcht vor dir beugen.

Wer dich verflucht, soll selbst verflucht sein.

Wer dich segnet, soll selbst gesegnet sein."

Nachdem der blinde Isaak seinen Sohn Jakob gesegnet hatte, ging Jakob weg.

Da kam Esau von der Jagd zurück. Er brachte Wild mit und machte daraus einen Leckerbissen für seinen Vater.

Er ging zu Isaak und sagte: „Hier, Vater, hast du deinen Wildbraten. Setz dich auf und iss. Lass es dir schmecken und dann segne mich!"

„Wer bist du denn?", fragte Isaak.

„Ich bin Esau, dein erstgeborener Sohn. Erkennst du mich nicht an meiner Stimme?"

Isaak erschrak und begann heftig zu zittern. Er sagte: „Dein Bruder Jakob hat mich betrogen. Er hat dich mit List um deinen Segen gebracht. Eben

war er hier. Er brachte mir eine Mahlzeit und ich habe gegessen und ihn gesegnet. Nun muss er gesegnet bleiben. Denn ich habe ihm den Segen zugesprochen, der für dich gedacht war."

Als Esau das hörte, schrie er voll Schmerz und Wut auf. „Vater", rief er, „segne mich auch! Hast du denn nur einen Segen?"

Und er weinte laut und schluchzte: „Schon zweimal hat Jakob mich überlistet. Erst nahm er mir mein Vorrecht als Erstgeborener. Und nun hat er mir auch noch den Segen des Vaters gestohlen! Hast du denn keinen Segen für mich übrig?"

Isaak schwieg. Aber dann sagte er zu Esau: „Mein Sohn, du wirst es nicht leicht haben. Du musst um dein tägliches Brot kämpfen und du wirst der Diener deines Bruders sein. Aber eines Tages stehst du auf und wehrst dich. Dann wirst du ein freier Mann sein."

Esau war sehr zornig auf seinen Bruder Jakob. Er nahm sich ganz fest vor, sich an ihm zu rächen.

„Ich will ihn umbringen", sagte er halblaut vor sich hin. „Ich warte nur noch, bis mein Vater gestorben und unter der Erde ist."

Rebekka hörte es und rief Jakob. Sie sagte: „Dein Bruder Esau will sich an dir rächen. Er trachtet dir nach dem Leben. Du musst fliehen. Geh nach Haran zu meinem Bruder Laban. Bleibe einige Zeit bei ihm, bis sich der Zorn deines Bruders gelegt hat. Ich gebe dir Nachricht, wann du wieder zurückkehren kannst. Ich will euch nicht beide an einem Tag verlieren!"

So verließ Jakob seine Heimat und machte sich auf den Weg nach Haran.

1. Mose 25, 19–22. 24–34; 27, 1–45

Jakobs Traum

Jakob wanderte durch die Wüste. Es war schrecklich, fliehen zu müssen. Es war traurig, kein Zuhause mehr zu haben.

Jakob dachte an Gott, der wusste, was er getan hatte. Ob er ihm seine Schuld vergab? Oder wollte Gott nichts mehr von ihm wissen?

Gerade ging die Sonne unter. Jakob war müde. „Bin ich matt!", dachte er. „Hier will ich übernachten." Er legte sich unter einen Busch, nahm einen

Stein als Kopfkissen, deckte sich mit seinem Mantel zu und schlief ein.

In der Nacht hatte Jakob einen wunderschönen Traum. Eine breite Treppe führte von der Erde bis zum Himmel. Auf der Treppe stiegen Gottes Engel hinauf und hinunter. Sie leuchteten in herrlichem Licht und strahlten einen himmlischen Frieden aus.

Die Engel kamen bis zu Jakob herunter und gingen leise wieder nach oben. Immer neue Engel kamen und gingen.

„Ach", dachte Jakob und konnte sich nicht sattsehen, „dauerte das doch immer und immer!"

Er war glücklich im Traum. Der Himmel über der Treppe war offen. Immer heller und herrlicher wurde der Glanz des Lichtes. Mit einem Mal sah Jakob Gott.

Gott stand oben auf der Himmelstreppe und sagte zu ihm: „Ich bin der Herr, der Gott deiner Eltern und deiner Vorfahren. Ich bin auch dein Gott, Jakob. Das Land, auf dem du jetzt als Flüchtling liegst und schläfst, will ich dir, deinen Kindern und Enkelkindern zur festen Heimat geben. Du wirst so viele Nachkommen haben, wie es Staubkörner auf der Erde gibt."

Und Gott sprach weiter zu ihm: „Jakob, ich werde dir beistehen. Ich will dich überall behüten, wohin du auch gehst. Und ich bringe dich nach einer langen Wanderung wieder hierher zurück. Hab keine Angst! Ich lasse dich nicht im Stich!"

Da erwachte Jakob aus seinem Traum.

„Gott ist bei mir", sagte Jakob laut vor sich hin, „auch in diesem fremden Land und ich habe es nicht gewusst. Immer will ich in Ehrfurcht an diesen Ort denken."

Jakob stand auf. Er stellte den Stein, auf den er seinen Kopf gelegt hatte, zu einem Denkmal auf, goss etwas Öl darüber und weihte die Stätte ein.

„Wenn ich hierher zurückkehre", sagte er, „werde ich an dieser Stelle ein Gotteshaus bauen."

Dann kniete Jakob zum Gebet nieder und dankte Gott: „Herr, du hast dich mir gezeigt, obwohl ich Böses getan und Schuld auf mich geladen habe. Du hast mich nicht verworfen und vergessen. Du hast etwas Großes mit mir vor. Ich danke dir."

1. Mose 28, 10–22

Jakob bei Laban

Jakob wanderte weiter nach Osten und kam nach Haran. Vor der Stadt war ein Brunnen. Dort tränkten die Hirten ihr Vieh.

„Wo wohnt ihr?", fragte Jakob die Hirten.

„In Haran", antworteten sie.

„Kennt ihr Laban?", fragte Jakob weiter.

„Den kennen wir gut", sagten die Hirten. „Da kommt gerade seine Tochter Rahel mit ihrer Herde."

Als Jakob Rahel sah, gewann er sie lieb. Sie war ein schönes Mädchen.

Er ging zu ihr, küsste sie und sagte: „Wir sind Verwandte. Ich bin Jakob, Rebekkas Sohn. Dein Vater Laban ist mein Onkel."

Er war so bewegt, dass er in Tränen ausbrach.

Rahel lief vor Freude zu ihrem Vater und erzählte ihm von Jakob.

Laban lief Jakob entgegen, umarmte ihn herzlich und sagte: „Der Sohn meiner Schwester! Sei uns willkommen! Bleib bei uns!"

Jakob blieb im Haus seines Onkels und half ihm bei der Arbeit.

Eines Tages sagte Laban zu ihm: „Jakob, du sollst nicht ohne Lohn für mich arbeiten, nur weil du mein Verwandter bist. Was soll ich dir für deine Arbeit geben?"

Nun hatte Laban zwei Töchter. Die ältere hieß Lea und die jüngere Rahel. Lea war nicht so schön wie Rahel und außerdem liebte Jakob die jüngere Tochter.

So sagte er zu Laban: „Gib mir Rahel zur Frau. Ich will auch sieben Jahre um ihretwillen bei dir arbeiten."

Laban freute sich darüber und sagte: „Ich gebe sie dir viel lieber als einem Fremden. Bleibe so lange bei uns und arbeite für mich!"

Und Jakob diente Laban sieben Jahre.

Dann war die Hochzeit. Ein fröhliches Mahl wurde bereitet. Verwandte, Freunde und Gäste aßen und tranken und freuten sich miteinander.

Aber am Abend brachte Laban nicht Rahel, sondern Lea zu Jakob, doch er merkte es nicht. Erst am Morgen erkannte Jakob, dass es nicht Rahel war, die bei ihm gelegen hatte.

Er stellte Laban zur Rede: „Warum hast du mir das angetan? Du hast mich betrogen. Du weißt doch genau, dass ich für dich so lange gearbeitet habe, um Rahel zu bekommen."

Laban antwortete: „Bei uns ist es nicht Sitte, dass die jüngere Tochter vor der ältesten Tochter heiratet. Arbeite noch einmal sieben Jahre für mich, dann sollst du auch Rahel zur Frau bekommen."

So war es damals. Ein Mann konnte mehrere Frauen haben. Es war bitter für Jakob. Aber er ging auf Labans Vorschlag ein. Denn er liebte Rahel von ganzem Herzen. So blieb er noch einmal sieben Jahre in Haran.

Lea schenkte Jakob zehn Söhne. Sie hießen Ruben, Simeon, Levi, Juda, Dan, Naftali, Gad, Asser, Isaschar und Sebulon. Rahel bekam zwei Söhne: zuerst Josef und dann Benjamin. Bei der Geburt Benjamins starb Rahel. Aber das war erst viel später.

Als Jakobs Familie so groß geworden war, zog es ihn mit Macht in seine Heimat. Er besprach die Heimkehr mit Lea und Rahel. Beide Frauen stimmten zu.

So machte sich Jakob mit seinen Frauen und Kindern und einer großen Herde von Ziegen, Schafen und Kamelen, Kühen und Eseln auf den Weg nach Hause.

Laban wollte ihn zuerst nicht ziehen lassen. Aber Gott gebot ihm im Traum: „Lass Jakob in Frieden ziehen!"

1. Mose 29, 1–30; 30, 25. 43; 31, 22–24; 32, 1

Jakobs Kampf mit Gott und seine Versöhnung mit Esau

Unterwegs dachte Jakob: „Hoffentlich ist mein Bruder Esau nicht mehr zornig auf mich."

Er überlegte, welche Tiere von seiner Herde er ihm zum Geschenk machen wollte, um ihn zu versöhnen.

Dann schickte er Boten zu Esau. Sie sollten ihm sagen: „Dein Bruder Jakob ist die ganze Zeit bei Laban gewesen und kommt jetzt zurück. Er bittet dich, ihn freundlich aufzunehmen."

Die Boten taten, was ihnen aufgetragen war. Sie kehrten zurück und berichteten Jakob: „Wir haben Esau deine Botschaft bestellt. Er ist schon auf dem Weg und kommt dir mit vielen Leuten entgegen."

Als Jakob das hörte, erschrak er. Wollte sein Bruder Esau sich rächen und ihn überfallen?

Er betete und sprach: „Gott meines Großvaters Abraham und meines Vaters Isaak, du hast mir versprochen, mich zu behüten. Du hast mir so viel Gutes getan, das ich nicht verdient habe. Ich besaß nur einen Wanderstock, als ich auf die Flucht ging. Nun komme ich mit einer großen Familie, vielen Tieren und reichem Besitz zurück. Gib, dass Esau sich mit mir versöhnt!"

Als es Abend wurde, schlug er sein Lager auf. Aber die Tiere, die er Esau schenken wollte, schickte er mit einigen Knechten voraus.

Mitten in der Nacht stand Jakob auf. Da kam in der Dunkelheit plötzlich ein Mann auf ihn zu und kämpfte mit ihm. Die beiden rangen lange miteinander, bis der Morgen graute. Der Mann merkte, dass er Jakob nicht bezwingen konnte. Da gab er ihm einen Schlag, sodass sich Jakobs Hüfte verrenkte.

„Lass mich los!", sagte der Unbekannte. „Es wird schon Tag."

Aber Jakob entgegnete: „Erst musst du mich segnen. Dann lasse ich dich los."

„Wie heißt du?", fragte der andere.

Als Jakob seinen Namen nannte, sagte der Fremde: „Du sollst nicht mehr Jakob heißen. Von nun an heißt du Gotteskämpfer: Israel. Denn du hast mit Gott gerungen wie mit einem Menschen und hast nicht verloren."

Jakob fragte den Fremden: „Wer bist du? Nenne mir deinen Namen."

Aber der andere sagte nur: „Warum fragst du?", und segnete Jakob.

Da ging die Sonne auf und die Gestalt war verschwunden.

„Ich habe Gott gesehen!", rief Jakob. „Ich habe mit ihm gerungen und dann hat er mich gesegnet!"

Als Jakob weiterging zu den Seinen, hinkte er an seiner Hüfte. Da kam auch schon Esau mit seinen Leuten. Jakob ging ihm entgegen, verneigte sich und warf sich siebenmal vor ihm zu Boden.

Esau lief auf ihn zu, umarmte und küsste ihn. Und beide weinten vor Freude. Sie versöhnten sich miteinander.

Esau wunderte sich über die beiden Frauen Lea und Rahel und ihre Kinder. Er fragte seinen Bruder: „Wen bringst du denn da mit?"

„Das sind die Frauen und Kinder, die Gott mir geschenkt hat", sagte Jakob.

„Und was wolltest du mit der Viehherde, die du mir entgegengeschickt hast?", fragte Esau.

„Diese Tiere sollst du zum Geschenk haben, Esau, damit du mich freundlich aufnimmst", antwortete Jakob.

„Lieber Bruder", sagte Esau, „behalte deine Tiere. Ich habe doch genügend Herden."

„Nein", drängte Jakob. „Du musst mein Geschenk annehmen, wenn du mir wirklich nichts nachträgst. Als ich dich sah, Esau, war es mir, als sähe ich Gott selbst. So freundlich und gut bist du zu mir gewesen."

Da nahm Esau das Geschenk des Bruders an. So war wieder Frieden zwischen den beiden Brüdern.

Jakob zog nach Sichem. Hier war er am Ziel seiner Reise.

Er kaufte sich ein Grundstück und Weideland und baute einen Altar zur Ehre Gottes.

Er sagte immer wieder: „Ich danke dir, Gott, dass ich zu dir gehören darf."

1. Mose 32, 4–8a. 10–13. 23–32; 33, 1. 4–12. 18–20

Josefsgeschichten

Josef und seine Brüder

Jakob lebte mit seiner Familie in Kanaan. Er hatte zwölf Söhne. Josef mochte er am liebsten. Er war der Zweitjüngste und ein Sohn von Rahel. Er wurde geboren, als Jakob schon älter war.

Josef war ein junger Mann von siebzehn Jahren und half seinen Brüdern, wenn sie die Schafe und Ziegen hüteten. Er sagte seinem Vater alles, was die Brüder machten.

Jakob erfreute ihn mit einem schönen neuen Gewand. Es sah bunt und prächtig aus und stand Josef gut.

Seine Brüder merkten, dass der Vater Josef mehr liebte als sie. Sie wurden sehr neidisch und redeten gar kein freundliches Wort mehr mit Josef.

Einmal hatte Josef einen Traum. Er erzählte ihn seinen Brüdern. „Der Traum war so", sagte er. „Wir gingen zusammen auf das Feld und schnitten Getreide. Die Ähren banden wir zu Garben zusammen. Mit einem Mal richtete sich meine Garbe auf und blieb stehen. Eure Garben stellten sich um sie herum und verneigten sich vor meiner Garbe."

Als die Brüder das hörten, wurden sie böse und sagten: „Du willst wohl unser König sein und über uns alle herrschen. Wir sollen vor dir niederfallen? Für wen hältst du dich?" Und sie begannen Josef zu hassen.

Josef hatte noch einen anderen Traum. Auch den erzählte er seinen Brüdern. „Ich habe wieder geträumt", sagte er. „Ich sah die Sonne und den Mond und elf Sterne. Und alle verbeugten sich tief vor mir."

Als er diesen Traum seinem Vater erzählte, wurde Jakob ärgerlich. „Was träumst du da für einen Unsinn?", sagte er. „Sollen dein Vater, deine Mutter und deine Brüder sich vor dir auf die Erde werfen?"

Die Brüder wurden noch eifersüchtiger auf Josef. Aber sein Vater musste immer wieder an den Traum denken.

1. Mose 37, 1–11

Die Brüder verkaufen Josef

Eines Tages weideten Josefs Brüder die Schafe und Ziegen des Vaters in der Nähe von Sichem. Da schickte der Vater Josef zu ihnen.

Er gab ihm den Auftrag: „Sieh nach, wie es deinen Brüdern geht. Und sag mir, ob bei den Herden alles in Ordnung ist."

Als die Brüder Josef kommen sahen, sagten sie zueinander: „Jetzt ist die Gelegenheit günstig. Wir wollen uns an ihm rächen. Dann wird er sehen, was aus seinen Träumen wird."

Ihre Wut war so groß, dass sie ihn töten und in den nächsten Brunnen werfen wollten. „Zu Hause sagen wir einfach: Ein Raubtier hat ihn überfallen und gefressen", beschlossen sie.

Aber Ruben, der Älteste, wollte Josef retten. „Lasst ihn leben und vergießt kein Blut!", sagte er. „Josef ist doch unser Bruder. Werft ihn in den ausgetrockneten Brunnen, aber tut ihm nichts an!"

Ruben wollte Josef heimlich aus dem Brunnen holen und ihn wieder zum Vater zurückbringen.

Als nun Josef bei seinen Brüdern angekommen war, packten sie ihn, zogen ihm das schöne bunte Gewand aus und warfen ihn in den ausgetrockneten Brunnen. Dann gingen sie zu ihrer Herde zurück und setzten sich zum Essen. Ruben aber ging weg.

Da kam eine Karawane durch die Steppe. Ihr Weg führte bei den Brüdern vorbei. Es waren Händler, die mit ihren Kamelen und Eseln nach Ägypten zogen.

„Was haben wir davon, wenn wir unseren Bruder umbringen?", sagte Juda, der vierte der Brüder. „Lassen wir ihn leben und verkaufen wir ihn an die Händler. Dann sind wir ihn los."

Sein Vorschlag gefiel den anderen. So holten sie Josef aus dem Brunnen und verkauften ihn für zwanzig Silberstücke an die Karawane.

Als Ruben zum Brunnen kam, war Josef verschwunden.

Entsetzt rief er: „Der Junge ist nicht mehr da! Wie kann ich das vor meinem Vater verantworten?"

Die Brüder aber schlachteten einen Ziegenbock und tränkten Josefs

Gewand mit seinem Blut. Dann schickten sie das blutige Gewand zu ihrem Vater und ließen ihm sagen: „Dieses Gewand haben wir gefunden. Gehört es vielleicht Josef? Dann muss ihn ein wildes Tier zerrissen haben."

Jakob schrie auf, als er Josefs Gewand erkannte: „Josef ist tot! Ein Raubtier hat ihn gefressen!" Sein Schmerz war übergroß. „Solange ich lebe", sagte er, „immer werde ich um ihn trauern, bis ich eines Tages selbst sterbe und zu ihm in die Totenwelt komme."

So tief traf ihn Josefs Tod.

1. Mose 37, 12–14a. 18–35

Josef im Hause Potifars

Die Karawane brachte Josef nach Ägypten. Dort verkauften ihn die Händler an Potifar. Dieser Mann war ein Hofbeamter des Pharaos, des Königs von Ägypten, und der Oberste der königlichen Leibwache.

Potifar nahm Josef in seinem Haus auf und machte ihn zu seinem persönlichen Diener.

Gott half Josef und segnete ihn. So glückte Josef alles, was er tat.

Auch Potifar merkte, dass Josef ein tüchtiger Mann war, auf den er sich verlassen konnte. So übergab er ihm die Aufsicht über sein Haus und vertraute ihm sogar die Verwaltung seines Besitzes an.

Potifars Frau mochte Josef gern leiden und versuchte, ihn für sich zu gewinnen. Einmal sagte sie zu ihm: „Komm, sei mein Freund! Mein Mann ist nicht da. Wir sind ganz allein."

Erschrocken wehrte Josef ab: „Mein Herr hat mir sein Vertrauen geschenkt und mich über sein ganzes Haus gesetzt. Wie könnte ich ihn enttäuschen und Böses tun?"

Potifars Frau gab nicht nach. Immer wieder redete sie heimlich auf Josef ein. Aber er hörte nicht auf sie. Eines Tages hielt sie ihn fest. Er riss sich los und lief hinaus. Dabei blieb sein Gewand in ihrer Hand zurück. Da begann die Frau Josef zu hassen und wollte sich an ihm rächen.

„Hilfe! Hilfe!", schrie sie. Als die Sklaven herbeikamen, beklagte sie

56

sich: „Seht, dieser Josef, den mein Mann ins Haus gebracht hat, drang bei mir ein und wollte mir Böses antun. Hier ist sein Gewand, das er zurück-gelassen hat!"

Als Potifar nach Hause kam, erzählte sie ihm die Geschichte und zeigte ihm Josefs Gewand. Potifar wurde zornig auf Josef. Er ließ ihn sofort festnehmen und in das königliche Gefängnis abführen.

Aber Gott half Josef auch im Gefängnis. Schnell gewann Josef das Ver-trauen des Aufsehers. Der übertrug ihm die Aufgabe, sich um die anderen Gefangenen zu kümmern und auf sie aufzupassen. Der Aufseher verließ sich ganz auf Josef.

Gott stand Josef in seiner schwierigen Lage bei und ließ sein Tun gelingen.

1. Mose 39, 1–23

Josef als Traumdeuter

Bald darauf wurden zwei Beamte des Pharaos in das Gefängnis gebracht: der höchste Mundschenk und der höchste Bäcker des Königs. Sie hatten sich beide etwas zuschulden kommen lassen und wurden dafür in Haft genommen. Josef musste auf die beiden Beamten aufpassen.

Eines Morgens saßen der Mundschenk und der Bäcker mit einem bedrückten Gesicht da. Sie hatten beide in der Nacht einen Traum gehabt, mit dem sie nicht zurechtkamen.

Josef merkte, dass etwas nicht stimmte, und fragte sie: „Warum sitzt ihr mit so bedrücktem Gesicht da?"

„Wir haben heute Nacht einen Traum gehabt", antworteten sie. „Aber hier im Gefängnis gibt es keinen Traumdeuter, der uns sagen kann, was der Traum bedeutet."

„Gott allein weiß, was Träume bedeuten", sagte Josef. „Aber erzählt mir doch einmal euren Traum. Vielleicht kann ich euch helfen."

Da erzählte der Mundschenk seinen Traum: „Vor mir wuchs ein Wein-stock. Er hatte drei Reben. Sie fingen an zu grünen und zu blühen und rasch waren die Trauben reif. Ich hielt den Becher des Pharaos in der Hand, nahm die Trauben, presste sie in den Becher aus und reichte ihn dem Pharao."

Da sagte Josef zu ihm: „Dies ist die Deutung deines Traumes: Die drei Weinreben sind drei Tage. In drei Tagen wird dich der Pharao wieder in dein Amt einsetzen. Dann wirst du ihm wie früher den Becher reichen und sein Mundschenk sein."

Und Josef fügte hinzu: „Ich habe eine Bitte an dich. Wenn du frei bist und es dir gut geht, vergiss mich nicht. Lege beim Pharao ein Wort für mich ein. Ich bin unschuldig im Gefängnis. Ich bin aus meiner Heimat entführt worden und habe nichts Unrechtes getan."

Der Bäcker hatte gehört, dass der Traum des Mundschenks etwas Gutes bedeutete. So erzählte nun auch er Josef seinen Traum.

Er sagte: „Mein Traum war ganz ähnlich. Ich trug drei Körbe mit feinem Gebäck auf meinem Kopf. Im obersten Korb lagen Backwaren für den Pharao. Aber es kamen Vögel und fraßen den Korb auf meinem Kopf leer."

Da sagte Josef zu ihm: „Dies ist die Deutung deines Traumes: Die drei Körbe bedeuten drei Tage. In drei Tagen wird dich der Pharao an einen Baum hängen. Dann werden die Vögel kommen und an deinem toten Kopf picken."

Drei Tage später hatte der Pharao Geburtstag. Er feierte ein Fest und lud seine Beamten und Diener dazu ein.

Den Mundschenk setzte der König wieder in sein Amt ein. Aber den Bäcker verurteilte er zum Tode. Alles kam genau so, wie Josef es vorausgesagt hatte. Der Mundschenk freute sich, wieder in Amt und Würden zu sein. Aber an Josef dachte er nicht. Er hatte ihn schon vergessen.

1. Mose 40, 1–23

Der Pharao träumt

Zwei Jahre später hatte der Pharao, der König von Ägypten, einen Traum, der ihn sehr beunruhigte.

Er stand am Ufer des Nils. Da sah er, wie sieben schöne und gut genährte Kühe aus dem Fluss stiegen und das Gras am Ufer fraßen. Danach stiegen sieben hässliche und magere Kühe aus dem Fluss. Sie fielen über die schönen und fetten Kühe her und verschlangen sie.

Der Pharao wachte auf und schlief wieder ein.

Da hatte er noch einen Traum.

Er sah sieben Ähren an einem Halm wachsen, sieben volle und schöne Ähren. Dann sah er, wie mit einem Mal sieben dünne und vom Ostwind ausgedörrte Ähren aufwuchsen und die sieben vollen und schönen Ähren auffraßen.

Der König erwachte und dachte lange über die beiden Träume nach. Er fürchtete sich und wusste nicht, was sie zu bedeuten hatten.

Am Morgen ließ er alle weisen und gelehrten Männer seines Landes zusammenrufen. Er erzählte ihnen seine beiden Träume. Aber keiner konnte ihm helfen und seine Träume deuten. Der Pharao machte sich große Sorgen.

Da fiel dem Mundschenk des Pharaos mit einem Mal Josef ein.

Er trat vor seinen König und sagte: „Mein Herr, damals im Gefängnis – der Bäcker und ich hatten Unrecht getan – war ein Sklave aus Kanaan, der Diener des Aufsehers im Gefängnis, Josef hieß er. Der hat unsere Träume gedeutet. Alles ist genau so gekommen, wie er es uns vorausgesagt hat. Ich wurde wieder Mundschenk und der Bäcker wurde zum Tode verurteilt."

Schnell ließ der Pharao Josef aus dem Gefängnis rufen. Man schnitt ihm die Haare und gab ihm gute Sachen zum Anziehen. So kam Josef vor den König.

Der Pharao fragte: „Kannst du Träume deuten? Ich habe zwei Träume gehabt, über die ich sehr nachdenke. Aber keiner konnte mir sagen, was sie bedeuten."

„Was Träume bedeuten, weiß Gott allein", erwiderte Josef. „Aber erzähl mir deine Träume. Vielleicht will Gott dem Pharao etwas Gutes an-kündigen."

Da erzählte der König Josef seine beiden Träume. Zu dem Traum von den Kühen sagte er noch: „Die sieben mageren Kühe waren schrecklich an-zusehen. Ich habe in ganz Ägypten noch nie so hässliche Kühe gesehen."

Josef hörte zu und sagte: „Beides, was der Pharao geträumt hat, bedeutet dasselbe. Gott hat dem Pharao angekündigt, was er mit Ägypten vorhat. Die sieben schönen Kühe und die sieben schönen Ähren bedeuten sieben

Jahre. Es kommen sieben gute Erntejahre, wo man Korn in Hülle und Fülle hat. Aber auch die sieben hässlichen Kühe und die sieben dünnen Ähren bedeuten sieben Jahre. Nach den sieben guten Jahren kommen sieben Hungerjahre, in denen große Not herrschen wird. Die Not frisst den Überfluss auf. Dass der Pharao zweimal dasselbe geträumt hat, bedeutet: Gott ist fest entschlossen, seinen Plan auszuführen."

Und Josef fuhr fort und sagte dem Pharao: „Ich gebe dir einen Rat, damit du das Richtige tust. Du musst einen klugen und tüchtigen Mann suchen und ihn über ganz Ägypten setzen. Gib ihm viele Helfer und Diener. Und dann baue Kornhäuser in Ägypten und sammle dort alles Getreide, das in den sieben guten Jahren nicht gebraucht wird. So hast du genügend Vorrat für die sieben Hungerjahre. Und das Land geht in der Hungersnot nicht unter. Dein Volk wird genug zu essen haben."

Der Pharao und seine Berater waren von Josefs Rede und Rat sehr beeindruckt. Sie bewunderten Josefs Klugheit und seinen praktischen Sinn.

Der Pharao sagte: „Josef, du bist der Mann, den wir brauchen. Du stehst in Verbindung mit Gott. Darum ist keiner so klug und geschickt wie du. Du sollst mein Stellvertreter sein und die Wirtschaft meines Landes leiten. Ich gebe dir Vollmacht über ganz Ägypten. Tu alles, was du für richtig hältst!"

Damit nahm der Pharao seinen königlichen Ring vom Finger und steckte ihn Josef an die Hand. Er legte ihm eine goldene Kette um den Hals und gab ihm einen eigenen Wagen.

„Und nun", sagte der Pharao, „zieh durch das Land und sammle Korn! Alle Menschen sollen dir königliche Ehre erweisen!"

So wurde Josef der Stellvertreter des Pharaos, der Zweithöchste im ganzen Land.

Er heiratete das Mädchen Asenat, die Tochter eines Priesters. Damals war Josef dreißig Jahre alt.

1. Mose 41, 1–46

Josef sorgt für das Land

Nun war Josef der höchste Minister in Ägypten. Er reiste mit seinem Wagen und mit seinen Dienern durch das Land und sorgte dafür, dass viel von der Ernte in den sieben guten Jahren gesammelt und aufbewahrt wurde.

In jeder Stadt wurde ein Speicher angelegt, in den das überschüssige Korn kam. Jede Stadt sammelte den Ertrag der Felder, die in ihrer Umgebung lagen.

So häufte sich der Vorrat immer mehr. Am Ende der sieben guten Jahre wurden Josef und seiner Frau zwei Söhne geboren.

Den ersten Sohn nannte Josef Manasse und er sagte: „Gott hat mich alles Unglück und sogar den Verlust meiner Heimat vergessen lassen."

Den zweiten Sohn nannte er Ephraim und er sagte: „Gott hat mir im fremden Land Kinder geschenkt."

Dann kamen die sieben schlechten Jahre, genau wie Josef es vorausgesagt hatte. Es gab kaum etwas zu ernten auf den Feldern und allmählich entstand eine Hungersnot.

Das Volk in Ägypten schrie zum Pharao: „Gib uns Brot! Wir verhungern!"

Der Pharao sagte zu allen Ägyptern: „Wendet euch an Josef! Was er euch sagt, das tut!"

Als die Not immer schlimmer wurde, befal Josef, die Kornspeicher in den Städten zu öffnen. Und alle hungernden Ägypter konnten Getreide kaufen und ihren Hunger stillen. Josef hatte so gut vorgesorgt, dass immer noch ein riesiger Vorrat da war.

Die Hungersnot hatte aber auch andere Länder erfasst. So kamen immer mehr Menschen nach Ägypten, um bei Josef und seinen Helfern Getreide zu kaufen.

Der Name des tüchtigen Ministers in Ägypten sprach sich überall herum. Er war der Retter in der Not.

1. Mose 41, 47–57

Josefs Brüder reisen nach Ägypten

Auch im Land Kanaan war Hungersnot.

Als Vater Jakob davon hörte, dass es in Ägypten Getreide gab, sagte er zu seinen Söhnen: „Zieht nach Ägypten und kauft uns Korn! Sonst verhungern wir noch."

So machten sich die Brüder auf den Weg nach Ägypten. Nur Benjamin, der Jüngste, musste daheim beim Vater bleiben. Jakob hatte Angst, es könnte Benjamin etwas zustoßen.

Alle, die in Ägypten Getreide kaufen wollten, mussten sich bei Josef melden, denn er hatte die Macht im Land.

Als seine Brüder zu ihm kamen, warfen sie sich vor ihm zu Boden. Er erkannte sie sofort und dachte an seine Träume von früher. Aber seine Brüder hatten keine Ahnung, wer vor ihnen stand.

Josef ließ sich nichts anmerken und behandelte sie wie Fremde.

„Ihr seid Spione", redete er sie streng an. „Ihr wollt heimlich herausfinden, wo Ägypten am besten anzugreifen ist."

„Nein, Herr!", riefen die Brüder erschrocken. „Wir sind ehrliche Leute. Wir sind gekommen, um bei dir Getreide zu kaufen. Wir sind aus Kanaan, wo es kein Korn mehr gibt und der Hunger herrscht."

Aber Josef blieb hart: „Das stimmt nicht! Ihr wollt sehen, wo das Land ungeschützt ist."

Da verteidigten sich die Brüder: „Wir wollen nichts Böses. Wir sind eigentlich zwölf Brüder. Der Jüngste ist bei unserem Vater in Kanaan geblieben und einer ist tot. Wir brauchen Getreide."

„Ihr müsst mir beweisen", sagte Josef, „dass ihr nichts Böses im Sinn habt. Bringt mir euren jüngsten Bruder her! Dann sehe ich, ob ihr die Wahrheit gesagt habt."

Simeon behielt er als Geisel da. Die anderen neun Brüder wurden mit Getreide versorgt.

Die Brüder waren entsetzt und sagten zueinander: „Das ist die Strafe für das, was wir Josef angetan haben. Er bat uns um Erbarmen, aber wir haben nicht auf ihn gehört. Darum müssen wir jetzt selber diese Angst durchmachen."

Josef hörte es. Er war so bewegt, dass er sich abwenden und weinen musste.

Dann befahl er seinen Dienern, den Brüdern Verpflegung für die Reise mitzugeben. Das Geld, das die Brüder für das Korn bezahlt hatten, ließ er ihnen heimlich in die Getreidesäcke wieder zurücklegen.

Schweren Herzens machten sich die Brüder mit ihren Eseln auf die Heimreise. Simeon mussten sie in Ägypten zurücklassen. Wie sollten sie dem armen Vater beibringen, dass der mächtige Ägypter ausgerechnet Benjamin sehen wollte?

Abends machten sie in einer Herberge Rast.

Als einer von ihnen seinen Sack öffnete, um seinen Esel zu füttern, sah er, dass sein Korngeld obenauf lag.

Er erschrak: „Der Ägypter hat mir mein Geld zurückgegeben!"

Auch die anderen fanden in ihrem Getreidesack ihr Geld wieder.

Die Brüder sahen sich mutlos an und sagten: „Das bedeutet nichts Gutes! Warum hat Gott uns das angetan?"

Zu Hause erzählten sie ihrem Vater alles.

Jakob war sehr erregt und klagte: „Ihr nehmt mir alle meine Kinder! Josef und Simeon sind nicht mehr da und nun wollt ihr mir auch noch Benjamin nehmen? Das lasse ich nicht zu!"

Jakob ließ sich nicht umstimmen. „Ich lasse Benjamin nicht mit euch nach Ägypten gehen", sagte er. „Das würde ich nicht überleben."

1. Mose 42, 1–38

Josef versöhnt sich mit seinen Brüdern

Das Korn, das die Brüder aus Ägypten mitgebracht hatten, war bald verbraucht. Und noch immer herrschte Hungersnot im Land.

Da rief Vater Jakob seine Söhne zusammen und sagte: „Wir brauchen neues Getreide. Zieht wieder nach Ägypten und kauft uns welches!"

Die Söhne antworteten: „Wir dürfen nur vor den Ägypter treten, wenn wir Benjamin mitbringen. Er will ihn sehen."

Jakob fiel es sehr schwer, Benjamin mit nach Ägypten ziehen zu lassen. Schließlich sagte er: „Wenn es denn unbedingt sein muss, dann nehmt ihn mit!"

Er dachte auch an Simeon, der in Ägypten schon lange auf die Brüder wartete.

Der Vater gab seinen Söhnen wertvolle Geschenke für den Ägypter mit und doppelt so viel Geld wie vorher.

Er sagte: „Gebt dem Ägypter das Geld wieder, das ihr in euren Säcken gefunden habt! Vielleicht ist alles nur ein Irrtum gewesen."

Dann verabschiedete Jakob seine Söhne und sprach: „Ich bitte Gott, der alle Macht hat, dass der Ägypter euch freundlich behandelt und euch mit Simeon und Benjamin wieder heimkehren lässt."

So zogen die Brüder zum zweiten Mal nach Ägypten.

Als Josef sie kommen sah, sagte er zu seinem Verwalter: „Lade diese Männer in meinen Palast ein! Sie sind heute meine Gäste. Bereite eine gute Mahlzeit!"

Zuerst bekamen die Brüder Angst, als der Verwalter sie zum Palast führte. Sollten sie jetzt gefangen genommen und zu Sklaven gemacht werden?

In ihrer Angst redeten sie den Verwalter an und erzählten: „Wir waren neulich schon einmal hier, um Getreide zu kaufen. Auf dem Rückweg fanden wir das ganze Geld, das wir für das Korn bezahlt hatten, in unseren Säcken wieder. Wir wissen nicht, wer es uns hineingelegt hat."

Der Verwalter beruhigte sie: „Macht euch keine Sorgen! Ich habe euer Geld erhalten. Jemand muss es gut mit euch gemeint haben, als er euch das Geld in die Säcke legte."

Dann brachte er Simeon zu ihnen und es gab ein frohes Wiedersehen.

„Ihr seid alle im Palast meines Herrn zum Essen eingeladen", sagte der Verwalter. „Kommt, erfrischt eure Füße mit Wasser und macht es euch bequem!"

Die Brüder traten in Josefs Haus ein und legten ihre Geschenke zurecht.

Da kam Josef. Die Brüder überreichten ihm ihre Gaben und warfen sich vor ihm nieder.

Josef erkundigte sich freundlich nach ihrem Ergehen. Er fragte: „Was macht euer alter Vater, von dem ihr mir erzählt habt? Lebt er noch?"

„Ja, er ist noch am Leben", antworteten sie. „Es geht ihm gut." Dabei verneigten sie sich tief vor ihm.

Da sah Josef seinen Bruder Benjamin: „Ist das euer jüngster Bruder, von dem ihr mir erzählt habt?" Und ohne eine Antwort abzuwarten, sagte er zu Benjamin: „Gott segne dich, mein Junge."

Mehr brachte er nicht heraus. Er war so überwältigt, seinen Bruder Benjamin wiederzusehen, dass ihm die Tränen kamen.

Schnell ging Josef in sein Zimmer und weinte sich dort aus. Dann wusch er sich das Gesicht und kam wieder heraus. Er nahm sich zusammen und befahl, das Essen aufzutragen.

Die Brüder setzten sich Josef gegenüber. Der Reihe nach, vom Ältesten bis zum Jüngsten, saßen sie am Tisch. Verwundert sahen die Brüder einander an. Dann aßen und tranken sie mit Josef und wurden fröhlich.

Als die Brüder in ihr Nachtquartier gegangen waren, gab Josef seinem Verwalter einen Befehl: „Tu so viel Getreide in die Säcke dieser Männer, wie sie tragen können! Und das Geld soll wieder obenauf kommen. Meinen silbernen Becher aber lege in den Sack des Jüngsten."

In der Frühe des nächsten Tages brachen die Brüder zur Heimreise auf. Sie hatten gerade die Stadt verlassen, da wurden sie von ägyptischen Reitern eingeholt und angehalten.

Josefs Verwalter war unter ihnen und sagte zu den Brüdern: „Warum habt ihr Gutes mit Bösem vergolten? Ihr habt den silbernen Becher meines Herrn gestohlen! Das ist ein schlimmes Unrecht!"

„Wie kannst du so etwas sagen, Herr?", antworteten die Brüder empört. „Wir haben nicht einmal im Traum daran gedacht."

„Wir werden sehen", antwortete der Verwalter. „Der, bei dem der Becher gefunden wird, soll unser Sklave sein. Ihr anderen seid frei und könnt weiterziehen."

Schnell wurden alle Säcke geöffnet. Der Verwalter ging der Reihe nach vom Ältesten bis zum Jüngsten und sah nach. Da wurde Josefs Becher in Benjamins Sack gefunden.

Die Brüder waren verzweifelt. Sie konnten sich die Sache nicht erklären.

Jeder belud seinen Esel wieder und so kehrten sie alle in Josefs Stadt zurück.

„Was habt ihr euch nur dabei gedacht!", herrschte Josef sie an. „Meint ihr, ein solches Unrecht bliebe mir verborgen? Der, bei dem der Becher gefunden wurde, soll mein Sklave sein. Ihr anderen könnt zu eurem Vater zurückkehren."

Da fasste sich Ruben ein Herz und trat vor: „Ich weiß, Herr, wir sind schuldig vor dir. Auch wenn wir es uns nicht erklären können. Lass uns alle deine Knechte sein! Nur lass unseren jüngsten Bruder Benjamin heimkehren! Sonst wird unser Vater sterben vor Traurigkeit. Er hat schon einen Sohn verloren, an dem er sehr hing."

Da hielt es Josef nicht mehr länger aus. Er brach in Tränen aus und weinte laut.

„Ich bin Josef!", sagte er. „Ich bin euer Bruder! Habt ihr mich denn nicht erkannt?"

Die Brüder standen wie versteinert. Fassungslos brachten sie kein Wort heraus.

„Ich bin euer Bruder Josef, den ihr nach Ägypten verkauft habt!", wiederholte er. „Habt keine Angst und macht euch keine Vorwürfe mehr! Gott selbst war es, der mich hierhergebracht hat, um euer Leben zu retten. Er hat mich zum Herrn über ganz Ägypten gemacht, damit ich euch vor Hunger bewahren kann."

Dann umarmte Josef seinen Bruder Benjamin und küsste ihn. Und unter Tränen nahm er sie alle in den Arm. Sie weinten vor Freude.

Erst jetzt fanden die Brüder ihre Sprache wieder und redeten mit Josef.

1. Mose 43, 1–34; 44, 1–34; 45, 1–15

Jakob und seine Söhne ziehen nach Ägypten

Am anderen Tag sagte Josef zu seinen Brüdern: „Ihr müsst alle bei mir in Ägypten wohnen. Hier habt ihr es gut. Holt auch den Vater und die ganze Familie und Verwandtschaft! Erzählt unserem Vater alles, was ihr hier gesehen habt. Sagt ihm, dass ich Macht habe über ganz Ägypten. Bringt ihn hierher, so rasch ihr könnt!"

Auch der Pharao hörte, dass Josefs Brüder gekommen waren. Er freute sich sehr und lud Josefs ganze Familie ein, nach Ägypten zu kommen.

Er sagte zu Josef: „Deine Angehörigen dürfen im fruchtbarsten und schönsten Gebiet unseres Landes wohnen. Sie sollen das Beste bekommen, was unser Land zu bieten hat."

Die Brüder zogen nach Kanaan und konnten es nicht abwarten, ihrem Vater die wunderbare Nachricht zu bringen.

„Vater, Josef lebt! Er ist damals nicht von einem wilden Tier zerrissen worden. Er lebt in Ägypten und ist dort der mächtigste Mann. Er will, dass du nach Ägypten kommst und bei ihm wohnst. Er hat uns alle eingeladen, in seinem Land zu leben."

So bestürmten die Brüder ihren Vater.

Jakob konnte es zuerst nicht begreifen. Er wollte es nicht glauben. Dann aber kam Leben in ihn. „Keine langen Erzählungen mehr!", rief er aus. „Josef, mein Sohn, lebt! Ja, ich muss zu ihm nach Ägypten. Ich will ihn

sehen, ehe ich sterbe." Und so kam Jakob nach Ägypten, mit Kindern und Enkelkindern, mit seinen Viehherden, mit Hab und Gut.

Josef ließ seinen Wagen anspannen und fuhr dem Vater entgegen. Sie fielen sich beide um den Hals und weinten lange.

„Mein Sohn, dass du lebst! Wie furchtbar habe ich um dich getrauert! Jetzt ist mein Leben erfüllt und ich bin bereit zu sterben", sagte Jakob, „denn du bist am Leben und ich habe dich wieder!"

So war die Familie wieder glücklich beisammen und nahm ihren Wohnsitz in Ägypten.

Der Pharao begrüßte sie freundlich und löste sein Versprechen ein; Jakob und die Seinen bekamen im besten Teil des Landes Grundbesitz. Der Pharao sorgte auch dafür, dass Josefs Angehörige genügend Brot erhielten und nicht zu hungern brauchten.

Siebzehn Jahre lebte Jakob in Ägypten. Dann fühlte er sein Ende nahen.

Er rief seinen Sohn Josef und sagte: „Mein Leben geht zu Ende. Ich möchte nicht in Ägypten begraben werden. Ich bitte dich: Bring mich in meine Heimat zurück, wo auch meine Vorfahren begraben sind!"

Josef versprach es und der Vater segnete ihn. Er ließ alle Söhne rufen und jedem von ihnen gab er zum Abschied ein besonderes Segenswort.

Als Jakob gestorben war, trauerten seine Söhne sehr um ihn. Sie hielten eine große Totenklage. Dann brachten sie ihren toten Vater heim nach Kanaan und begruben ihn dort bei seinen Vorfahren.

Nach Jakobs Tod aber begannen sich Josefs Brüder wieder von Neuem zu fürchten. Sie dachten: „Unser Vater ist nicht mehr da. Ob Josef uns jetzt bestrafen wird für das, was wir ihm angetan haben?"

Sie richteten Josef aus: „Unser Vater hat uns vor seinem Tod geraten: ‚Bittet Josef um Verzeihung! Dann wird er euch nicht nachtragen, was ihr ihm angetan habt.' So bitten wir dich: Verzeih uns! Wir bitten dich darum in Gottes Namen."

Josef ging zu seinen Brüdern und sagte: „Ihr braucht keine Angst zu haben! Ihr hattet Böses vor mit mir, aber Gott hat es zum Guten gewendet. Dabei soll es bleiben. Alles war Gottes Plan und dafür wollen wir ihm danken."

Mit diesen Worten beruhigte Josef seine Brüder und machte ihnen Mut.

1. Mose 45, 16–21. 25–28; 46, 28–30; 47, 1. 5–6. 28–31; 49, 1–2. 28; 50, 15–21

Mosesgeschichten

Moses Geburt und Rettung

Die Jahre kamen und gingen. Josef und seine Brüder waren gestorben. Auch sonst lebte niemand mehr aus dieser Zeit. Aber ihre Nachkommen, die Israeliten, hatten sich in Ägypten stark vermehrt und breiteten sich im Land aus.

Der neue König, der in Ägypten an die Macht gekommen war, wusste nichts mehr von Josef und seiner Zeit. Er sah nur die vielen Israeliten im Land und sagte zu seinen Beratern: „Das Volk der Israeliten wird mir zu zahlreich und mächtig. Wir müssen etwas dagegen tun. Sonst verbünden sie sich noch mit unseren Feinden, machen Krieg und vertreiben uns aus unserem eigenen Land."

Der Pharao befahl, die Israeliten zu Zwangsarbeiten einzusetzen. Er beauftragte Aufseher, dafür zu sorgen, dass die Israeliten hart arbeiteten.

So mussten die Männer aus Israel Ziegel aus Lehm machen, Mauern aus Steinen errichten und Häuser bauen. Auch auf den Feldern wurden die Israeliten zu schweren Arbeiten verpflichtet. Die Aufseher waren hart und ohne Erbarmen.

Der König von Ägypten tat noch Grausameres. Er gab seinem ganzen Volk den Befehl: „Werft jeden Jungen, der den Israeliten geboren wird, in den Nil! Nur die Töchter lasst am Leben!" So wollte der Pharao das Volk Israel ausrotten.

In dieser Zeit bekam eine Frau vom Volk Israel ein Kind, einen Sohn. Sie sah, dass es ein gesundes und schönes Kind war.

„Mein Kind soll leben!", dachte die Frau. Sie verbarg es drei Monate in ihrem Haus. Dann konnte sie es nicht länger verstecken. Sie nahm einen Korb, der aus Schilf geflochten war, und machte ihn mit Pech wasserdicht. Dann legte sie ihren Jungen in den Korb und schloss ihn mit einem Deckel. Vorsichtig brachte sie das Körbchen an den Nil und legte es in das

Schilf am Ufer. Sie dachte: „Wenn einer mein Kind findet, dann wird es vielleicht gerettet."

Die Schwester des Kindes musste sich in der Nähe verstecken, um zu beobachten, was mit dem kleinen Bruder im Körbchen geschah.

Es dauerte gar nicht lange, da kam die Tochter des Pharaos an den Nil. Sie wollte baden. Ihre Dienerinnen blieben am Ufer. Mit einem Mal sah sie den Korb im Schilf. Sie schickte eine Dienerin hin, um ihn zu holen.

Die Tochter des Pharaos öffnete neugierig das Körbchen. Da fand sie den kleinen Jungen. Er weinte. Der Säugling tat ihr leid. Sie rief: „Das ist ein israelitischer Junge! Er soll nicht sterben!"

Da kam die Schwester des Kindes aus ihrem Versteck hervor und fragte: „Soll ich eine Frau von den Israeliten holen, die das Kind stillen und ernähren kann?"

„Ja", antwortete die Tochter des Pharaos, „tu das!"

Da holte das Mädchen seine Mutter. Die Tochter des Pharaos sah sie an und sagte: „Nimm diesen Jungen! Gib ihm zu trinken und ziehe ihn für mich auf! Ich werde dich dafür belohnen."

Glücklich nahm die Mutter ihr Kind mit nach Hause. Sie gab ihm zu trinken und umsorgte es liebevoll.

Als der Junge größer geworden war, brachte sie ihn der Tochter des Pharaos in den Königspalast.

Die Tochter des Pharaos behielt ihn und nahm ihn als ihren Sohn an. Sie gab ihm den Namen Mose. Denn sie sagte: „Ich habe ihn aus dem Wasser gezogen."

So wurde Mose am Hof des Pharaos groß. Er lernte viel von den Ägyptern. Aber in seinem Herzen blieb er ein Israelit.

2. Mose 1, 1–16. 22; 2, 1–10

Mose flieht und findet ein Zuhause

Aus Mose wurde ein junger Mann. Noch immer wurde sein Volk von den Ägyptern unterdrückt.

Einmal ging Mose zu den Israeliten und sah, wie schwer sie arbeiten

mussten. Er erlebte, wie ein ägyptischer Aufseher einen Mann aus Israel zusammenschlug. Mose packte der Zorn. Er sah sich nach allen Seiten um. Als niemand in der Nähe war, erschlug er den Ägypter und verscharrte ihn im Sand.

Am nächsten Morgen ging Mose wieder zu seinem Volk. Er sah, wie zwei Männer aus Israel Streit miteinander hatten. Einer von beiden war im Unrecht. Mose sagte zu ihm: „Warum schlägst du einen Mann aus deinem eigenen Volk? Wir müssen doch zusammenhalten."

„Was geht dich das an?", antwortete der Mann. „Bist du etwa unser Aufseher und Richter? Du willst mich wohl auch umbringen wie gestern den Ägypter."

Da bekam Mose Angst. Er merkte, dass die Sache sich herumgesprochen hatte.

Auch der Pharao hörte davon und wollte Mose töten lassen. So musste Mose fliehen. Er zog in das Land Midian. Müde ruhte er sich dort an einem Brunnen aus.

Da kamen sieben Mädchen an die Wasserstelle, um ihre Tiere zu tränken. Es waren die Töchter des Priesters Jethro.

Gerade als die Mädchen Wasser schöpfen wollten und die Tränkrinnen für ihre Schafe und Ziegen füllten, kamen Hirten herbei und jagten sie weg.

Mose stand auf und half den Mädchen. Er machte ihnen den Weg zum Wasser frei und tränkte ihre Tiere.

Als die Mädchen nach Hause kamen, fragte der Vater erstaunt: „Warum ging denn heute alles so schnell?"

„Ein fremder Mann hat uns vor den Hirten beschützt und uns beim Tränken geholfen", antworteten die Mädchen.

„Wo ist er denn?", fragte Jethro. „Schnell, holt ihn! Er soll unser Gast sein."

So kam Mose in das Haus des Priesters Jethro.

Ein Mädchen von den Töchtern Jethros hieß Zippora. Die gab Jethro Mose zur Frau. Nun hatte Mose ein neues Zuhause.

Inzwischen verging eine lange Zeit. Der Pharao von Ägypten starb. Aber die Lage des Volkes Israel hatte sich nicht geändert.

Die Israeliten stöhnten unter der Sklavenarbeit und unter dem schweren Leben. Sie schrien zu Gott um Hilfe. Und Gott dachte an den Bund, den er mit Abraham, Isaak und Jakob geschlossen hatte. Er wollte seinem Volk aus der Not helfen.

2. Mose 2, 11–25

Gott beruft Mose zu seinem Diener

Mose hütete die Ziegen und Schafe seines Schwiegervaters. Er trieb die Herde durch die Steppe und kam an einen Berg, den Gottesberg Horeb. Dort sah er plötzlich einen Dornbusch, der in hellen Flammen stand. Der Dornbusch brannte, aber er verbrannte nicht.

„Das ist merkwürdig", dachte Mose. „Warum verbrennt der Busch nicht? Das muss ich mir aus der Nähe ansehen!"

Als er an den Dornbusch näher herantreten wollte, rief Gott ihn an: „Mose, Mose!"

„Ja", antwortete Mose, „hier bin ich. Ich höre."

„Komm nicht näher heran!", sagte Gott. „Zieh dir die Schuhe aus, denn der Boden, auf dem du stehst, ist heilig. Ich bin Gott der Herr, den deine Vorfahren verehrt haben, der Gott Abrahams, Isaaks und Jakobs."

72

Da verhüllte Mose sein Gesicht, denn er scheute sich, Gott anzusehen.

Weiter sagte Gott: „Ich habe die Not meines Volkes in Ägypten gesehen und das Schreien über seine Leiden gehört. Ich will Israel von seinen Unterdrückern befreien und es aus Ägypten herausholen. Mein Volk soll in einem fruchtbaren Land wohnen, wo es Milch und Honig gibt. Ich will dich zum Pharao schicken. Du sollst die Israeliten aus Ägypten herausführen und in das Land Kanaan bringen."

Mose hatte Angst. Er sagte zu Gott: „Ich soll das tun? Wer bin ich denn? Wie kann ich zum Pharao gehen und Israel aus Ägypten führen?

„Ich werde bei dir sein und dir helfen", versprach Gott. „Du brauchst keine Angst zu haben."

„Aber wenn ich zu den Israeliten komme und ihnen sage, dass mich der Gott unserer Vorfahren geschickt hat, werden sie fragen: ‚Wer ist denn dieser Gott? Wie heißt er?' Was soll ich ihnen dann antworten?", wandte Mose ein.

Und Gott sprach: „Ich bin, der ich bin. Ich war immer da, ich bin immer da und ich werde immer da sein. Sag meinem Volk: ‚Der Gott, der immer da ist, der Gott Abrahams, Isaaks und Jakobs hat mich gesandt.' Und nun geh nach Ägypten, Mose, und ruf die Ältesten des Volkes Israel zusammen und sage ihnen, was ich vorhabe. Ich werde euch aus der Gefangenschaft befreien und die Ägypter schlagen."

Noch immer hatte Mose Bedenken. Er sagte: „Ich habe noch nie gut reden können. Ich bin zu ungeschickt für diese Aufgabe. Du musst dir einen anderen aussuchen, der besser reden kann als ich."

„Ich helfe dir, Mose", sagte Gott, „ich sage dir, was du reden sollst. Außerdem hast du doch noch deinen Bruder Aaron. Der kann gut reden. Er wird dir beistehen. Sage ihm alles, was er tun und reden soll!"

Da beugte sich Mose dem Willen Gottes und nahm den Auftrag an.

Er ging zurück zu seinem Schwiegervater Jethro und erklärte: „Ich muss fort von hier. Ich muss wieder zu meinem Volk nach Ägypten."

Jethro verabschiedete und segnete ihn: „Zieh in Frieden!"

So zog Mose zusammen mit den Seinen und seinem ganzen Besitz aus dem Land Midian nach Ägypten zurück.

Gott der Herr ermutigte ihn und sprach: „Du kannst getrost heimkehren. Alle Menschen, die dir nach dem Leben trachteten, sind tot."

Bald darauf trafen die beiden Brüder Mose und Aaron in der Wüste zusammen. Sie begrüßten sich herzlich und Mose erzählte seinem Bruder alles, was Gott ihm gesagt hatte.

So zogen nun Mose und Aaron gemeinsam nach Ägypten, um dort Gottes Auftrag auszuführen. Sie riefen die Ältesten des Volkes Israel zusammen und erzählten ihnen, wie Gott der Herr Mose zu seinem Diener berufen und welchen Auftrag er ihm gegeben hatte.

Die Israeliten fassten Vertrauen zu den beiden Männern und verstanden, dass Gott ihnen helfen wollte. Voller Freude dankten sie Gott im Gebet.

2. Mose 3, 1–15; 4, 10–15. 18–19. 27–31

Gott schickt den Ägyptern Plagen und befreit sein Volk

Mose und Aaron fassten sich ein Herz und gingen zum Pharao. Sie traten vor ihn und sagten: „Der Herr, der Gott Israels, lässt dir sagen: Gib mein Volk frei und lass es aus deinem Land ausziehen!"

Der Pharao lachte und spottete: „Der Herr? Wer soll das denn sein? Keiner kann mir etwas befehlen! Ich denke nicht daran, die Israeliten freizugeben. Macht, dass ihr an die Arbeit kommt!"

Nun wurde die Not der Israeliten noch größer. Der Pharao befahl seinen Aufsehern: „Lasst die Leute aus Israel noch schwerer und härter arbeiten! Sonst kommen sie noch auf dumme Gedanken."

Da erhob sich in Israel ein Geschrei gegen Mose und Aaron: „Was habt ihr gemacht? Jetzt ist alles noch schrecklicher als vorher. Ihr seid daran schuld!"

Mose wandte sich in seiner Not an Gott: „Warum lässt du das zu? Du willst doch dein Volk retten! Wie soll es nur weitergehen?"

Gott sprach: „Der Pharao wird sehen, was ich tue. Dann wird er euch ziehen lassen."

Da schickte Gott nacheinander große Plagen über das Land Ägypten. Nur die Israeliten wurden von ihnen verschont.

Zuerst wurde das Wasser im Nil rot wie Blut. Die Fische starben. Das Wasser begann zu stinken, sodass man es nicht mehr trinken konnte.

Dann brach über das Land eine große Froschplage herein. Überall drangen Frösche und Kröten ein, sogar im Palast und im Schlafzimmer des Pharaos. Sie setzten sich in die Backtröge und Wasserkrüge.

Dann schickte Gott unzählige Stechmücken. Sie setzten den Menschen und Tieren böse zu und stachen, wo sie nur stechen konnten.

Dann kamen große Schwärme von Ungeziefer in die ägyptischen Häuser und richteten viel Schaden an.

Danach schickte Gott eine schwere Seuche in das Land. Die Pferde und Esel, die Kamele und Rinder, die Schafe und Ziegen kamen durch die Viehpest um.

Danach wurde die Luft verunreinigt. Ein feiner Rußstaub breitete sich über Ägypten aus, sodass Menschen und Tiere Geschwüre bekamen, die zu offenen Wunden wurden.

Danach brach ein gewaltiger Sturm aus mit Hagel und Gewitter. Er erschlug alles, was sich im Freien aufhielt, vernichtete die Früchte des Feldes und zerschmetterte die Bäume.

Darauf schickte Gott eine große Heuschreckenplage über das Land. Die Heuschrecken fraßen alle Feldgewächse und Baumfrüchte ab, die der Hagel übrig gelassen hatte.

Schließlich kam eine unheimliche Finsternis über Ägypten. Kein Mensch konnte den anderen sehen. Drei Tage lang herrschte nichts als tiefe Dunkelheit.

Zuerst, als die Plagen kamen und im Land wüteten, bekam der Pharao große Angst und wollte einlenken. Er sagte zu Mose und Aaron: „Morgen könnt ihr mit eurem Volk mein Land verlassen. Aber ihr müsst euren Gott bitten, die Plage zu beenden!"

Aber hinterher, als die Plage vorüber war, hielt er sein Versprechen nicht ein. Er blieb hart und starrsinnig.

Da sagte Gott zu Mose und Aaron: „Noch mit einer Plage will ich die Ägypter bestrafen. Sie wird so schlimm sein, dass der Pharao euch sogar bitten wird, sein Land zu verlassen."

Und Gott kündigte den Israeliten sein Vorhaben an und sprach: „In dieser Nacht werde ich meinen Todesboten durch Ägypten schicken und alles erstgeborene Leben töten, bei den Menschen und bei den Tieren. Alle sollen sie sterben, die ältesten Söhne und die ältesten Jungtiere. Es wird ein großes Wehgeschrei geben, wie man es noch nie gehört hat. Aber euch soll kein Haar gekrümmt werden. Ihr vom Volk Israel sollt am Abend ein Lamm schlachten. Jede Familie soll einen Ziegenbock oder einen Schafbock braten und essen. Mit dem Blut des Tieres sollt ihr die beiden Pfosten und den oberen Balken der Haustür bestreichen. Dann weiß mein Todesengel: ‚Hier muss ich die Menschen und Tiere verschonen!' So wird euch nichts geschehen."

Und Gott schärfte den Israeliten ein: „Ihr müsst aber bereit zum Aufbruch sein! Jeden Augenblick kann das Zeichen zum Auszug ertönen. Esst zu dem Lamm nur Brot, das schnell und ohne Sauerteig gebacken werden kann! Zieht die Sandalen an die Füße und haltet euren Wanderstab griffbereit! In dieser Nacht will ich euch von der Knechtschaft erlösen. Darum soll dieser Tag ein Gedenktag sein, solange die Erde steht."

Was Gott angekündigt hatte, geschah. Um Mitternacht brach das grauenvolle Gericht über Ägypten herein. Alle Erstgeburt starb: der älteste Sohn des Pharaos, die ältesten Söhne der Minister, die ältesten Söhne des Volkes und alle ältesten Jungtiere.

Es gab kein Haus bei den Ägyptern, in dem nicht ein Toter war. Lautes Weinen und Wehgeschrei ertönte durch die Nacht.

Entsetzt ließ der Pharao Mose rufen. „Schnell, verlasst das Land!", rief er. „Nehmt alles mit, was ihr braucht! Nur geht! Sonst müssen wir noch alle verderben. Sagt eurem Gott, er möge sein Gericht an uns beenden!"

Und da geschah es.

Das Volk Israel zog aus Ägypten. Sechshunderttausend Mann waren es, dazu die Frauen und Kinder, viele Fremde und große Herden von Schafen, Ziegen und Rindern. Ein mächtiger Zug setzte sich in Bewegung und zog durch die Nacht.

Gott wachte über seinem Volk. Er ging ihm voran in einer Wolkensäule und zeigte ihm den Weg bei Tag. Und nachts war er als Feuersäule an der Spitze des Zuges und leuchtete in der Dunkelheit.

So konnte das Volk Israel Tag und Nacht wandern und wandern.

2. Mose 5, 1–5. 20–23; 6, 1; 7, 20–21; 8, 1–2. 13. 20; 9, 6. 8–9. 23–24;
10, 13–15. 21–23; 12, 21–23. 29–33; 13, 21–22

Gott gibt seinem Volk zu essen und zu trinken

Mose führte die Israeliten vom Schilfmeer aus in die Wüste Schur und von dort aus weiter in die Wüste Sin. Überall war es heiß und trocken und staubig.

Da kam es zu einem Aufstand des Volkes gegen Mose und Aaron. Alle rotteten sich zusammen und klagten die beiden Männer an.

Das Volk war erregt und schrie: „Wir haben Hunger! Und wir haben keine Lust mehr, durch die Wüste zu wandern! In Ägypten saßen wir vor vollen Fleischtöpfen und konnten so viel Brot essen, wie wir wollten. Aber ihr habt uns in die Wüste geführt. Wollt ihr uns alle hier verhungern lassen?"

Gott sagte zu Mose: „Ich höre das Schreien des Volkes. Heute Abend will ich euch Fleisch geben und morgen Brot. Ihr sollt satt werden, denn ich sorge für euch."

Mose und Aaron beruhigten das Volk und sagten: „Heute Abend werdet ihr erkennen, dass Gott der Herr es war, der euch aus Ägypten in diese Wüste geführt hat – nicht wir. Den Herrn habt ihr angeklagt, nicht uns.

Wer sind wir schon? Aber ihr werdet die Herrlichkeit Gottes sehen. Er wird euch Fleisch und Brot zu essen geben, dass ihr satt werdet."

Am Abend kamen Wachteln geflogen. Sie fielen in großen Scharen ein und ließen sich überall im Lager nieder. Es waren begehrte Speisevögel. Die Israeliten konnten sie leicht mit der Hand fangen. So konnte das Volk seinen Hunger stillen.

Am Morgen des nächsten Tages lag rings um das Lager frischer Tau. Als der Tau verdunstet war, sahen die Israeliten lauter feine Körner auf der Erde liegen. Sie sahen aus wie Reif.

„Das ist Brot, das Gott euch zu essen gibt", erklärte Mose dem Volk. „Er sorgt auch in der Wüste für euch. Sammelt davon so viel, wie jeder braucht."

Das Volk sammelte die weißen Körner auf und probierte sie. Sie schmeckten wie Semmel und Honig.

Israel nannte das Brot, das Gott geschickt hatte, „Manna". Alle wurden davon satt und bekamen ihr Manna Morgen für Morgen.

Und Gottes Volk wanderte weiter durch die Wüste, von einem Lagerplatz zum anderen.

Einmal schlugen die Israeliten ihre Zelte bei Refidim auf. Aber da gab es kein Wasser. Wieder sammelten sich alle gegen Mose und beschwerten sich bei ihm: „Wir haben Durst. Gib uns Wasser zum Trinken!"

„Was wollt ihr?", erwiderte Mose. „Wollt ihr Gott auf die Probe stellen?"

Aber sie schrien noch mehr: „Wir verdursten! Hast du uns dazu aus Ägypten herausgeführt?" Sie bedrängten ihn sehr.

In seiner Not wandte sich Mose an Gott: „Was soll ich mit diesem Volk machen? Es fehlt nicht viel und sie werfen mich mit Steinen tot!"

„Such dir einige Männer aus", sagte Gott zu Mose, „und geh zum Berg Horeb. Dort ist ein Felsen. Nimm deinen Stab in die Hand, den du über das Schilfmeer erhoben hast, und schlage an den Felsen! Dann wird Wasser aus ihm hervorsprudeln und das Volk kann trinken."

Während Mose mit Gott sprach, war das Volk noch immer außer sich vor Angst und Zorn. „Wären wir doch in Ägypten geblieben!", riefen die einen. „Hier wächst kein Korn und kein Wein, hier gibt es keine Feigen und keine Granatäpfel. Nicht einmal Wasser zum Trinken haben wir!", schrien die anderen.

„Ihr seid ein widerspenstiges Volk!", entgegnete Mose. „Warum seid ihr so mutlos und zornig? Habt ihr noch immer nicht begriffen, wer mit euch ist?"

Dann nahm er seinen Stab und ging mit seinem Bruder Aaron und einigen anderen Männern zum Felsen am Berg Horeb. Er schlug mit dem Stab an den Felsen. Da kam so viel Wasser heraus, dass Menschen und Tiere genug zu trinken hatten.

Die Wasserquelle nannte man „Meriba", Ort der Anklage. Hier hatten die Israeliten ihren Herrn angeklagt. Aber Gott erwies sich als ein mächtiger und hilfreicher Herr.

2. Mose 16, 1–8. 13–17; 17, 1–7

Die Zehn Gebote –
Gott schließt mit seinem Volk seinen Bund

Zwei Monate, nachdem die Israeliten Ägypten verlassen hatten, kamen sie in die Wüste Sinai. Sie lagerten in der Nähe des Berges Sinai. Mose stieg auf den Berg hinauf.

Da sprach Gott mit ihm: „Ihr habt erlebt, wie ich euch gerettet und beschützt habe. Ich habe euch aus Ägypten befreit und euch wohlbehalten hierhergebracht. Wie mit Adlerflügeln habe ich euch getragen. Wenn ihr mir treu bleibt und auf mich hört, sollt ihr das Volk sein, das mir von allen Völkern der Erde am nächsten steht. Ich will mit euch einen Bund schließen: Ich will immer für euch da sein und euch beistehen und ihr sollt tun, was ich euch sage. Sag das den Israeliten!"

Mose stieg vom Berg hinab, rief die Ältesten des Volkes zusammen und erzählte ihnen alles, was Gott ihm aufgetragen hatte.

Das ganze Volk stimmte zu: „Alles, was Gott gesagt hat, werden wir tun. Wir wollen den Bund schließen. Und wir wollen ihn halten."

Mose überbrachte dem Herrn diese Antwort auf dem Berg und sagte: „Sie wollen auf dich hören."

„So bereitet euch heute und morgen auf die Begegnung mit mir vor", sagte Gott. „In drei Tagen will ich den Bund mit euch schließen und vor den Augen des Volkes auf den Berg Sinai herabkommen. Reinigt euch und wascht eure Kleider! Du musst einen Zaun um den Berg ziehen und dem Volk sagen: Keiner darf auf den Berg steigen! Wer es tut, muss sterben."

Mose stieg wieder vom Berg hinab und tat alles, was Gott ihm gesagt hatte. Er sagte dem Volk: „Bereitet euch auf die Begegnung mit dem mächtigen Herrn vor!"

Am Morgen des dritten Tages begann es zu blitzen und zu donnern. Eine dichte Wolke kam und hüllte den Berg ein. Man hörte lauten Posaunenschall und der Berg bebte. Das Volk im Lager zitterte vor Angst. Aber Mose führte es hinaus bis an den Fuß des Berges, wo er den Zaun gezogen hatte.

Der ganze Berg Sinai war in Rauch und Feuer gehüllt. Der Posaunen-schall wurde immer mächtiger. Mose rief Gott an und Gott antwortete ihm mit einer Stimme, die wie Donnergrollen klang. Er rief Mose auf den Berg. Mose kam herauf und wurde von der dunklen Wolke und vom Feuer-schein eingehüllt.

Da gab Gott der Herr dem Volk seine Gebote. Er sagte zu Mose: „Dies sind meine Gebote für euch:

1. Ich bin der Herr, dein Gott! Ich habe dich in die Freiheit geführt. Neben mir gibt es keine anderen Götter.
   Mach dir kein Bild von Göttern. Bete keine Macht im Himmel oder auf der Erde an. Diene nur mir!
2. Missbrauche nicht den Namen des Herrn, deines Gottes. Das schadet dir nur. Lobe ihn und rufe ihn an!
3. Halte den Feiertag ein! Er ist ein besonderer Tag, der dem Herrn gehört.
4. Ehre Vater und Mutter! So wird es dir wohlgehen und du wirst lange eine Heimat haben.
5. Töte keinen Menschen!
6. Zerstöre keine Ehe!
7. Nimm keinem seine Freiheit und sein Eigentum!
8. Sprich nichts Unwahres über deinen Mitmenschen!
9. Suche nicht das Haus deines Mitmenschen an dich zu bringen!
10. Suche nicht die Menschen und Tiere und den Besitz deines Nächsten für dich zu gewinnen!

Denn ich bin der Herr, dein Gott. Ich schütze dich. Du sollst ein gesegnetes Leben haben, wenn du meine Gebote hältst. Ich will aber auch das Lebensrecht deines Mitmenschen schützen."

So redete Gott mit Mose auf dem Berg Sinai. Das Volk sah, wie es blitzte und donnerte und der Berg rauchte. Es hatte große Angst.

Als Mose wieder vom Berg herunterkam, sagte er: „Ihr müsst keine Angst haben! Gott will nur, dass ihr ihn ehrt und Ehrfurcht habt vor ihm. Wenn ihr Gottes Gebote und seinen Bund haltet, dann wird Gott euch segnen."

Dann verkündete Mose dem Volk die Zehn Gebote Gottes.

Alle sprachen: „Was Gott will, wollen wir tun."

Mose schrieb die Gebote in ein Buch. Das war das Buch des Bundes.

Dann baute er am Fuß des Berges einen Altar und stellte darum zwölf Steine auf, für jeden Stamm des Volkes Israel einen.

Er rief das Volk zusammen und sagte: „Lobt Gott und dankt ihm! Bringt ihm Brandopfer! Schlachtet junge Stiere für das Opfermahl! Gott schließt jetzt mit uns seinen Bund."

Als die Tiere geschlachtet waren, goss Mose das Blut der Stiere in zwei Schalen. Das Blut aus der einen Schale schüttete er an den Altar. Dann las er dem Volk aus dem Bundesbuch die Zehn Gebote noch einmal vor.

Das Volk hörte aufmerksam zu und gelobte: „Alles wollen wir gehorsam tun, was Gott von uns haben will."

Da nahm Mose das Stierblut aus der anderen Schale und sprengte es auf das Volk.

Er erklärte: „Durch dieses Blut wird der Bund geschlossen, den Gott euch versprochen hat. Haltet seine Gebote und erweist euch als sein Volk!"

2. Mose 19, 1–20; 20, 1–20; 24, 3–8

Das Goldene Kalb

Am nächsten Tag sprach Gott zu Mose: „Steig wieder auf den Berg! Ich muss noch viel mit dir besprechen."

Mose rief die Ältesten des Volkes zu sich und sagte: „Ich will wieder auf

den Berg gehen und mit Gott sprechen. Passt gut auf das Volk auf! Aaron und Hur sollen mich vertreten, solange ich fort bin. Ich nehme nur Josua mit. Wartet in Ruhe auf uns, bis wir wieder zurückkommen. Auch wenn es länger dauert."

Damit stiegen Mose und Josua auf den Berg Sinai. Bald verschwanden sie in der großen Wolke, die den Gipfel verhüllte. Da kam Gottes Herrlichkeit herab auf den Sinai. Das Volk sah aus der Ferne ein loderndes Feuer auf dem Gipfel des Berges.

Und Gott redete mit Mose. Er sagte ihm, wie er das Volk führen sollte. Mose hörte zu. Er überlegte. Er dachte an weitere Bestimmungen und Gesetze. Sie sollten dem Volk helfen, den richtigen Weg zu gehen und Gottes Wort zu halten. Vor allem aber mussten die Zehn Gebote dem Volk vor Augen bleiben und einen Ehrenplatz haben.

Gott gab Mose zwei Tafeln aus Stein. Sie waren auf beiden Seiten beschrieben. Die Gebote Gottes standen darauf.

Gott sagte: „Baut eine Lade aus Holz! Die Deckplatte soll aus Gold sein. Zwei goldene Engel sollen auf ihr sitzen. In der Lade sollst du die zwei Tafeln mit meinen Geboten verwahren. Die Lade ist das Zeichen meines Bundes, den ich mit euch geschlossen habe."

Lange blieb Mose mit Josua auf dem Berg. Er betete, er überlegte, er hörte Gott zu. Vierzig Tage und vierzig Nächte vergingen.

Das Volk Israel wartete und wartete. Zuletzt wurde es immer ungeduldiger. Als Mose immer noch nicht zurückkam, lief das Volk bei Aaron zusammen und sagte zu ihm: „Wer weiß, was aus Mose geworden ist! Vielleicht ist ihm etwas zugestoßen. Du musst uns jetzt führen und uns einen Gott geben, der uns beschützt!"

„Nehmt euren Frauen und Kindern die goldenen Ringe ab, die sie in den Ohren tragen, und bringt sie mir her!", antwortete Aaron.

Als alle die goldenen Ohrringe brachten, nahm Aaron sie und schmolz sie ein. Er goss das Gold in eine Form aus Ton und machte daraus das Bild eines jungen Stieres, ein Goldenes Kalb.

Da rief das Volk: „Das ist unser Gott, der uns aus Ägypten geführt hat!"

Aaron ließ sich von der Begeisterung des Volkes anstecken. Er baute vor dem Goldenen Kalb einen Altar und ließ im ganzen Lager bekannt machen: „Morgen feiern wir ein Fest für den Herrn!"

Am anderen Morgen standen die Israeliten früh auf. Sie brachten dem Goldenen Kalb Brandopfer und beteten es an. Dann lagerten sie sich zu einem großen Festessen und aßen und tranken. Sie wurden vergnügt und begannen wild zu tanzen.

Da sagte Gott zu Mose: „Schnell, steig hinunter vom Berg! Dein Volk, das du aus Ägypten geführt hast, ist ungehorsam geworden und läuft in sein Verderben. Sie haben sich einen Gott ausgedacht und tanzen um ein Goldenes Kalb. Mich, den lebendigen Gott, haben sie vergessen und beten ein Standbild an, das sie selbst gemacht haben."

Mose stieg vom Berg. In der Hand hatte er die beiden Steintafeln mit den Geboten.

Josua hörte von Weitem das Lärmen und Schreien im Lager des Volkes. Er sagte zu Mose: „Es hört sich an, als wenn ein Kampf ausgebrochen wäre."

„Nein", antwortete Mose, „das ist weder Siegesjubel noch Klagegeschrei nach einer Niederlage. Ich höre Festgesang."

Mose kam näher und sah das Goldene Kalb und das Volk, das wild darum herumtanzte. Der Zorn packte ihn. Er warf die Steintafeln zu Boden, dass sie zerschmetterten.

Dann ging er auf das Goldene Kalb zu, nahm es, schmolz es ein und zerstampfte es zu Pulver.

Das Pulver streute er aufs Wasser und gab es den Israeliten zu trinken.

Er trat auf Aaron zu und stellte ihn zur Rede: „Wie kommst du dazu, das Volk in so schwere Schuld zu stürzen?"

„Sei nicht zornig, Mose", antwortete Aaron, „du weißt doch, wie schnell das Volk vom Glauben abfällt. Sie sagten zu mir: ‚Niemand weiß, was aus Mose geworden ist! Mach uns einen sichtbaren Gott, der uns führt und schützt!' Sie haben mich dazu gedrängt, dieses Götterbild zu machen."

Am anderen Morgen versammelte Mose das ganze Volk. Er sagte: „Ihr habt etwas sehr Schlimmes getan! Ihr wolltet dem Herrn gehorchen und ihm treu bleiben. Und nun habt ihr euch einen Gott aus Gold gemacht! Aber ich will noch einmal auf den Berg steigen und Gott für euch um Vergebung bitten. Vielleicht vergibt er euch eure Schuld."

So trat Mose vor Gott und bekannte: „Das Volk hat einen großen Fehler gemacht. Es ist dir untreu geworden. Herr, vergib deinem Volk diese Sünde! Wenn es aber nicht sein kann, dann streiche auch mich aus deinem Buch, in dem die Namen der Deinen eingetragen sind! Dann will ich selber die Strafe des Volkes mittragen."

„Ich bestrafe nur den, der die Strafe verdient hat", antwortete Gott. „Aber sei getrost, Mose, ich will meinem Volk vergeben. Ich will es nicht im Stich lassen. Aber es muss merken und einsehen, dass es einen falschen Weg eingeschlagen hat. Diese Erfahrung will ich meinem Volk nicht ersparen. Du aber gehe hin und führe das Volk, wie ich es dir befohlen habe. Mein Engel wird vor dir hergehen."

Zum Schluss sagte Gott: „Mose, hau dir zwei neue Steintafeln zurecht! Sie sollen so werden wie die ersten, die du zerschmettert hast. Darauf will ich meine Worte und Gebote für euch setzen, damit ihr sie immer vor Augen habt."

2. Mose 24, 12–18; 25, 10–22; 32, 1–7. 15–24. 30–34; 34, 1

Die Kundschafter

Lange zog das Volk Israel weiter durch die Wüste. Viele dachten: „Wann kommen wir endlich zur Ruhe? Wo ist das Land, in das Gott uns führen will?"

Schließlich war das wandernde Volk ganz nah an das Land Kanaan herangekommen, das Gott den Israeliten versprochen hatte.

Gott sagte zu Mose: „Sende Kundschafter aus! Sie sollen sich das Land Kanaan ansehen. Nimm von jedem der zwölf Stämme deines Volkes einen tüchtigen Mann!"

Mose gehorchte und suchte zwölf Kundschafter aus. Er schickte sie von der Wüste Paran aus in das Land Kanaan und sagte zu ihnen: „Seht euch das Land und die Menschen dort genau an! Erkundet, wie viele Leute dort wohnen und wie stark sie sind. Ich möchte auch wissen, ob es in Kanaan befestigte Städte gibt und ob das Land fruchtbar ist. Seht nach, ob dort Bäume und Wälder wachsen, und bringt uns ein paar Proben von den Früchten des Landes mit. Nun geht los und habt keine Angst!"

Die zwölf Männer machten sich auf den Weg und erkundeten das Land. Sie erkannten, dass Kanaan ein schönes, fruchtbares Land war. Aber es war bewohnt und die Einwohner waren stark und hatten befestigte Städte. Als die Kundschafter in das Traubental kamen, staunten sie über die großen Weintrauben, die dort wuchsen und reiften. Sie schnitten eine Weinranke mit einer Traube ab, um sie in das Lager mitzunehmen. Sie war so schwer, dass zwei Männer sie auf einer Stange tragen mussten.

Nach vierzig Tagen kehrten die zwölf Kundschafter wieder ins Lager zu Mose zurück. „Wir haben uns das Land Kanaan genau angesehen", berichteten sie. „Es ist wirklich ein Land, in dem Milch und Honig fließen. Seht euch die Früchte an, die wir mitgebracht haben!"

„Aber Kanaan ist bewohnt", sagte einer. „Die Einwohner sind stark und haben Städte. Es wird schwer für uns sein, dort Fuß zu fassen."

Als das Volk das hörte, wurde es unruhig und überschüttete Mose mit Vorwürfen: „Wenn das so ist, dann kommen wir ja niemals in dieses Land hinein! Warum hast du uns dann so lange durch die Wüste geführt?"

Kaleb, einer der Kundschafter, wollte das Volk beruhigen und sagte: „Doch, wir können das Land sehr wohl erobern! Wir sind stark genug. Ihr braucht nicht mutlos zu werden."

Aber andere Kundschafter widersprachen: „Täuscht euch nicht! Die Leute in dem Land sind viel stärker als wir. In diesem Land kann man nicht leben, es verschlingt seine Bewohner. Wir haben Männer gesehen, die waren riesengroß, und wir fühlten uns winzig ihnen gegenüber."

Da schrie das Volk auf vor Entsetzen und weinte die ganze Nacht. Alle miteinander lehnten sich gegen Mose und Aaron auf und wollten sie umbringen. Einige schlugen vor: „Wir sollten uns einen neuen Anführer wählen und wieder nach Ägypten zurückwandern."

Kaleb aber und Josua, der auch das Land Kanaan mit erkundet hatte, traten vor das Volk und sagten mit fester Stimme: „Beruhigt euch und gebt euch nicht so bösen Gedanken hin! Wir bezeugen euch: Das Land, das wir gesehen haben, ist ein gutes Land, in dem Milch und Honig fließen! Wenn Gott uns freundlich ist, wird er uns helfen, in dieses Land hineinzukommen. Er hat es uns doch versprochen. Habt ihr vergessen, welche großen Wunder Gott getan hat? Lehnt euch nicht gegen ihn auf! Wenn der Herr uns zur Seite steht, werden wir im Handumdrehen mit den Bewohnern des Landes fertig. Lasst euch nicht Bange machen!"

Nur mit Mühe gelang es den Männern, Mose und Aaron zu schützen und das Volk vor dem Äußersten zurückzuhalten.

Mose war tief erschrocken über die Wut und den Unglauben seines Volkes. Er trat vor Gott und bat ihn, dem Volk zu vergeben.

„Ich vergebe ihnen, weil du mich darum bittest", sagte Gott. „Aber ich kann nicht alles ungestraft hingehen lassen. Die Kundschafter außer Kaleb und Josua sollen sterben. Sie haben dem Volk Angst gemacht und es aufgewiegelt. Keiner von ihnen, mit Ausnahme von Kaleb und Josua, soll in das Land hineinkommen, das ich euch versprochen habe. Das Volk soll haben, was es haben will. Noch vierzig Jahre müssen sie mit ihren Herden durch die Wüste ziehen, bis von ihrer Generation keiner mehr am Leben ist. Die kleinen Kinder dagegen werde ich in das Land hineinbringen. Und sie werden darin wohnen und leben."

4. Mose 13, 1–2. 16–33; 14, 1–10. 20–24. 33

Sehnsucht nach dem Erlöser

Erzählende Übersicht

Zu allen Zeiten haben sich die Menschen nach einem Erlöser gesehnt. Gottes Propheten haben diesen Erlöser angekündigt. „Ein großer Gottesmann wird kommen", so sagten sie, „und den geplagten Menschen Frieden bringen."

Man nannte den erwarteten Gottesgesandten „Messias". Gott selber würde ihn zum König und Erlöser salben und zur rechten Zeit in die Welt schicken.

Über den kommenden Messias machten die Propheten verschiedene geheimnisvolle Andeutungen. Als die Christen diese Ankündigungen lasen und bedachten, erkannten sie: Hier ist vorausgesagt, was sich mit dem Kommen unseres Herrn Jesus Christus erfüllt hat! Die Christen bekannten: Jesus ist der Messias, Gottes Sohn und Gesandter, und die Propheten haben ihn vor langen Zeiten angekündigt.

Der große Herrscher kommt aus Bethlehem

So verkündete der Prophet Micha:
Bethlehem in der Landschaft Ephrath, Gott der Herr lässt dir sagen: „Du bist klein unter den Städten in Juda. Aber aus dir soll der große Herrscher kommen, der Israel einmal führen wird. Er war von Anfang an und bleibt in Ewigkeit."

Noch muss Gottes Volk kämpfen und leiden, bis eine junge Frau den erwarteten Sohn zur Welt bringt. Dann werden auch die letzten Brüder und Schwestern aus der Fremde in die Heimat zurückkehren. Aus dem Kind wird ein Mann, der mit Gottes Vollmacht das Volk schützt und leitet. Die Menschen können in Sicherheit leben, denn der Herrscher steht siegreich da bis an das Ende der Erde.

Micha 5, 1–3; 53, 4–5

Der Sohn mit Namen „Gott-steht-uns-bei"

So verkündete der Prophet Jesaja:
Der Herr wird euch ein Zeichen geben: Eine junge Frau wird ein Kind erwarten. Sie wird einen Sohn zur Welt bringen. Den wird sie nennen Gott-steht-uns-bei.

Er leidet für uns. Die Strafe, die wir verdienen, nimmt er auf sich. Geduldig wie ein Lamm geht er in den Tod, damit wir leben. Er ist unser Friede und durch seine Wunden sind wir geheilt.

Jesaja 7, 14

Ein Kind wird uns geboren

So verkündete der Prophet Jesaja:
Das Volk im Dunkeln sieht ein großes Licht; über allen, die in der Finsternis wohnen, leuchtet es hell auf. Herr, du wirst deinem Volk große Freude bereiten. Alle werden jubeln, wie man sich in der Ernte freut, wie man jubelt über eine reiche Beute. Du befreist uns von Feindschaft und Unterdrückung und nimmst uns die Angst und das Leid ab. Die dröhnenden Soldatenstiefel und die blutigen Mäntel der Krieger werden ins Feuer geworfen und verbrennen.

Denn ein Kind wird uns geboren, ein Sohn wird uns geschenkt und er wird der künftige König sein! Man wird ihn nennen: weiser Herrscher, mächtiger Held, Vater, der ewig bleibt, Fürst, der Frieden macht.

Jesaja 9, 1–2. 4–6

Das Friedensreich des Herrn

So verkündete der Prophet Jesaja:
Aus dem Baumstumpf wird ein neuer Zweig wachsen. Aus dem Stamm des Königs David wird ein junger Trieb aufbrechen und Frucht tragen. Ihn wird der Herr mit seinem Geist erfüllen. Er wird ihm Weisheit und Einsicht geben, dass er mit Rat und Tat helfen kann. Der kommende neue Spross erkennt den Herrn und hat Ehrfurcht vor ihm. Es ist ihm eine Freude, Gott zu gehorchen. Er urteilt nicht auf den ersten Blick und verlässt sich nicht darauf, was andere sagen. Nein, er verhilft den Hilflosen zu ihrem Recht und nimmt die Armen in seinen Schutz. Sein Wort richtet die Machthaber und Gewalttätigen. Gerechtigkeit und Treue sind seine Begleiter.

In seinem Reich werden sich Wolf und Lamm miteinander befreunden und der Panther wird sich friedlich neben dem Ziegenbock lagern. Das Kalb und der junge Löwe wachsen zusammen auf. Ein kleiner Junge genügt, um sie zu hüten. Die Kuh und die Bärin werden miteinander weiden und ihre Jungtiere liegen zusammen. Der Löwe wird Stroh fressen wie das Rind. Der Säugling strampelt am Schlupfloch der Schlange und das Kind spielt mit der Otter. Sie ist nicht giftig und beißt nicht.

Keiner wird Böses tun und Unheil anrichten in diesem Friedensreich. So wie das Meer voll von Wasser ist, wird das Land erfüllt sein von Gottvertrauen und Liebe.

Jesaja 11, 1–10

Neues Testament

Der Anfang

Die Geburt Jesu

Vor zweitausend Jahren regierte Kaiser Augustus in Rom. Sein Reich war sehr groß. Viele Länder gehörten dazu, so auch das Land Israel.

Weil das Römische Reich so groß war, setzte der Kaiser in seinen Ländern hohe Beamte ein, die für Recht und Ordnung sorgen mussten. Das waren die Statthalter des Kaisers.

In der Provinz Syrien, zu der Israel gehörte, herrschte damals Quirinius als römischer Statthalter.

Gerade um diese Zeit wollte der Kaiser wissen, wie viele Menschen in seinem Reich lebten. Er wollte genau berechnen lassen, wie viel Steuern sie ihm zu bezahlen hatten. Deshalb ordnete er zum ersten Mal eine Volkszählung an.

Jeder Bewohner seines Reiches musste an den Ort gehen, aus dem er stammte und in dem er Land und Besitz hatte. Dort musste er sich in die kaiserliche Steuerliste eintragen lassen.

Nun wohnten in der Stadt Nazareth in der nördlichen Landschaft Galiläa Maria und Josef.

Josef war dort als Zimmermann tätig. Maria war seine junge Frau.

Josef stammte aus Bethlehem, der Stadt des früheren Königs David. Er war ein Nachkomme von ihm.

So musste sich Josef von Nazareth auf den Weg nach Bethlehem machen. Das war eine weite Fußreise. Denn Bethlehem lag tief im Süden des Landes, in der Landschaft Judäa.

Josef nahm seine Frau Maria mit. Sie erwartete ein Kind.

Als sie in Bethlehem waren, kam das Kind zur Welt. Es war Marias erstes Kind, ein Sohn. Maria und Josef nannten ihn Jesus.

Maria wickelte ihren kleinen Sohn in Windeln und legte ihn in eine Futterkrippe. Denn Jesus war in einem Stall geboren.

Maria und Josef hatten in Bethlehem keine bessere Unterkunft gefunden. Keinen anderen Platz als einen armseligen Stall gab es für dieses Kind.

Draußen auf den Feldern bei Bethlehem waren Hirten. Sie bewachten in der Nacht ihre Herde.

Da erschien ihnen ein Engel, ein Bote Gottes. Der Lichtglanz des Himmels strahlte auf und die Herrlichkeit Gottes leuchtete um die Hirten mitten in der Dunkelheit.

Die Hirten erschraken und fürchteten sich sehr.

Aber der Engel sagte: „Ihr braucht keine Angst zu haben! Ich bringe euch eine gute Nachricht. Gottes ganzes Volk wird sich darüber freuen. Heute ist in der Stadt Bethlehem euer Retter und Erlöser geboren – Christus, der Herr! Geht hin und seht euch das Kind an! Daran könnt ihr es erkennen: Es liegt in Windeln gewickelt in einer Futterkrippe im Stall."

Mit einem Mal standen neben dem Engel noch viele andere Engel. Sie lobten Gott und sangen:

„Ehre sei Gott in der Höhe und Frieden auf der Erde, weil Gott sich liebevoll den Menschen zuwendet!"

Da war die Erscheinung vorüber. Die Engel kehrten wieder zu Gott zurück. Auf dem Feld war es wieder dunkel. Die Hirten waren von diesem Erlebnis ganz erfüllt.

Sie sagten zueinander: „Kommt, lasst uns nach Bethlehem gehen! Wir wollen uns ansehen, was da geschehen ist." Sofort machten sie sich auf den Weg und gingen hin. Sie fanden Maria und Josef und das Kind in der Krippe.

Sie sahen das Kind an und wurden sehr froh. Dann erzählten sie, was sie auf dem nächtlichen Feld erlebt hatten. Sie berichteten auch von der Botschaft des Engels: Dieses Kind ist der Retter der Welt.

Alle, die dabeistanden und zuhörten, wunderten sich sehr. Maria aber behielt alles in ihrem Herzen. Sie dachte immer wieder darüber nach.

Die Hirten kehrten wieder zu ihrer Herde zurück. Sie lobten Gott. Sie dankten ihm für das, was sie gehört und gesehen hatten. Sie hatten alles genau so vorgefunden, wie es ihnen der Engel gesagt hatte.

Lukas 2, 1–20

Die Weisen aus dem Osten

Weit im Osten von Israel, im Land Babylonien, lebten weise Männer, die die Sterne beobachteten. Sie kannten ihre Bahnen genau und wussten, wann sie auf- und untergingen.

Als Jesus in Bethlehem geboren war, gab es am Sternenhimmel etwas Besonderes zu sehen.

Zwei Planeten bewegten sich aufeinander zu und kamen sich ganz nah: der Jupiter und der Saturn. Beide sahen am Ende fast so aus wie ein einziger großer Stern.

Der Jupiter, der größte Planet der Sonne, strahlte prächtig goldgelb; er galt als der Königsstern. Und der Saturn, der Planet mit dem großen Ring, galt als Stern des Volkes Israel.

Das wussten auch die Weisen.

Als sie die Erscheinung am Sternenhimmel sahen, fragten sie sich: „Was kann das bedeuten?"

Einer sagte: „Der große Königsstern Jupiter kommt ganz nah an den Stern Israels, den Saturn, heran. Das ist ein Zeichen für die Welt. Der verheißene große König muss jetzt in Israel geboren sein!"

Die Weisen erinnerten sich an die Geschichte Israels. Viele Israeliten waren damals zur Zeit des Königs Nebukadnezar nach Babylonien verschleppt worden. Aber sie verzweifelten nicht. Sie verbreiteten ihre Hoffnung in Babylonien: Am Ende der Zeit wird Gott den ersehnten Befreier und Retter schicken! Er wird in Israel geboren werden.

Freudig fassten die Weisen den Entschluss, sich sofort auf den Weg nach Israel zu machen. Dort wollten sie den neugeborenen König aufsuchen und ihm die Ehre erweisen.

Sie wanderten nach Westen und kamen schließlich im Land Israel an. Sie gingen in die Stadt Jerusalem und fragten nach dem Königspalast. Sie konnten es sich nicht anders vorstellen: Ein König muss in einem Königspalast geboren sein!

In Jerusalem regierte damals König Herodes. Der Kaiser in Rom hatte ihn auf den Thron gebracht und unterstützte ihn mit seinem Wohlwollen.

Die Weisen meldeten sich am Hof des Herodes und fragten: „Wo ist das neugeborene Kind, der künftige König in Israel? Wir haben sein Zeichen am Sternenhimmel gesehen und sind gekommen, ihm unsere Ehre zu erweisen."

Herodes erschrak, als er das hörte. War er nicht der König in Israel? Wer wollte ihm und seinen Söhnen den Königsthron wegnehmen?

Die ganze Stadt Jerusalem regte sich auf. Die Leute sagten: „Es gibt keinen neuen König. Unser König ist Herodes!"

Schließlich merkte Herodes, um was für einen König es den Weisen aus dem Osten ging. Er ließ die führenden Priester und Schriftgelehrten zu sich kommen und fragte sie: „Ist euch etwas davon bekannt, wo der von Gott versprochene König und Christus geboren werden soll?"

„In der Stadt Bethlehem in der Landschaft Judäa", antworteten sie. „Denn so steht es in der Schriftrolle des Propheten Micha: ‚Bethlehem, du bist klein unter den Städten in Judäa. Aber aus dir soll der große Herrscher kommen, der Israel einmal führen und schützen wird.'"

Da rief Herodes die Weisen heimlich zu sich.

„Wann ist euch das Doppelgestirn zuerst aufgefallen? Wisst ihr es noch?", fragte er sie.

Er wollte dadurch etwas über das Alter des Kindes erfahren.

Dann schickte er sie nach Bethlehem und sagte: „Geht hin und sucht nach dem Kind! Und wenn ihr es gefunden habt, dann kommt wieder zu mir und sagt mir, wo ich es finden kann! Denn ich möchte auch zu dem Kind gehen und es ehren."

Die Männer hörten, was Herodes sagte, und gingen nach Bethlehem.

Das Doppelgestirn, das sie im Osten gesehen hatten, zog wieder vor ihnen her. Schließlich schien es ihnen genau über der Stelle zu stehen, wo das Kind war.

Als sie das Gestirn über ihrem Ziel leuchten sahen, kam eine große Freude über sie. Sie traten in das Haus und fanden das Kind mit seiner Mutter Maria. Sie knieten vor dem Kind nieder und dankten Gott.

Dann breiteten sie ihre Schätze aus, die sie dem Kind mitgebracht hatten. Sie schenkten ihm Gold, duftenden Weihrauch und Myrrhe, ein edles Harz eines immergrünen Baumes. Es waren kostbare Gaben, eines Königskindes würdig.

Im Traum aber gab Gott den Männern die Weisung: „Geht nicht wieder zu Herodes nach Jerusalem!"

Die Weisen gehorchten und zogen auf einem anderen Weg in ihre Heimat zurück.

Matthäus 2, 1–12

Die Flucht nach Ägypten

In der Nacht darauf hatte Josef einen Traum.

Ein Engel Gottes erschien ihm und sagte: „Schnell, steh auf und nimm das Kind und seine Mutter und flieh nach Ägypten! Bleib so lange dort, bis ich es dir sagen werde! Denn Herodes hat im Sinn, das Kind zu suchen und umbringen zu lassen."

Da brach Josef mit dem Kind und seiner Mutter mitten in der Nacht auf und floh nach Ägypten. Dort blieben sie, solange Herodes lebte.

Als Herodes merkte, dass die Weisen absichtlich nicht zu ihm zurückgekehrt waren, wurde er sehr zornig. Er schickte seine Soldaten aus und befahl ihnen, in Bethlehem und Umgebung alle kleinen Jungen bis zum Alter von zwei Jahren zu töten.

Herodes hoffte, auf diese Weise mit Sicherheit auch Jesus umzubringen. Darum hatte er die Weisen so genau nach der Zeit gefragt, wann sie die Erscheinung am Sternenhimmel zuerst gesehen hätten.

Es war furchtbar, wie die Soldaten des Herodes den Müttern die kleinen Söhne wegnahmen, von den Neugeborenen bis zu den Zweijährigen. Die Väter wehrten sich, die Mütter schrien und weinten. Sie bettelten um das Leben ihrer Kinder. Aber umsonst – Befehl war Befehl! Die Jungen mussten sterben. Überall gab es Entsetzen und Wehklagen. Als Herodes gemeldet wurde, dass sein Befehl ausgeführt war, freute er sich und dachte: „Jetzt ist für mich keine Gefahr mehr! Der Königsthron bleibt mir und meinen Söhnen erhalten. Der neugeborene König in Bethlehem ist tot. Nun kann ich wieder in Ruhe leben."

Aber daraus wurde nichts. Nach einiger Zeit ließ Gott ihn krank werden und sterben.

Als Herodes gestorben war, hatte Josef in Ägypten wieder einen Traum.
Der Engel Gottes kam zu ihm und sagte: „Nun steh auf, nimm das Kind und seine Mutter und kehre wieder heim in das Land Israel! Denn alle, die das Kind umbringen wollten, sind nicht mehr am Leben."

Da stand Josef auf, nahm das Kind und seine Mutter und zog mit ihnen nach Israel zurück.

Gott gab ihm ein Zeichen, dass er wieder nach Nazareth in Galiläa gehen und dort wohnen sollte.

So kam es, dass Jesus in Nazareth aufwuchs und später der Nazarener genannt wurde.

Matthäus 2, 13–23

Der zwölfjährige Jesus im Tempel

Jedes Jahr gingen die Eltern Jesu zu einem großen Fest nach Jerusalem. Es war das Passahfest.

In früheren Zeiten hatte Gott das Volk Israel aus der Gefangenschaft in Ägypten befreit. Daran erinnerte das Passahfest. Es war ein fröhliches und beliebtes Fest.

Von Nazareth nach Jerusalem dauerte es lange. Maria und Josef waren viele Tage unterwegs. Sie gingen aber nicht allein. Diesmal hatten sie Jesus mitgenommen. Er war gerade zwölf Jahre alt. Er sollte zum ersten Mal die große Stadt Jerusalem sehen. Sie lag auf dem Berg Zion. Jesus freute sich auch auf den schönen Tempel. Seine Eltern hatten ihm schon viel davon erzählt.

Eine ganze Woche lang blieb die Familie Jesu in Jerusalem. Dann machten sich Josef und Maria mit den Angehörigen und Freunden wieder auf den Heimweg.

Aber Jesus blieb in der Stadt. Seine Eltern wussten nichts davon. Sie dachten: „Sicher ist er bei den anderen Jungen." So machten sie sich zuerst keine Sorgen.

Nach einiger Zeit fingen sie aber doch an, ihn zu suchen. Sie gingen zu den Verwandten und Bekannten. Sie gingen zu der Gruppe der Jungen. Sie fragten: „Ist Jesus nicht bei euch? Habt ihr ihn irgendwo gesehen?"

So suchten die Eltern ihn den ganzen Tag. Aber vergeblich. Niemand hatte Jesus gesehen. Da verließen Maria und Josef die Reisegruppe und kehrten besorgt in die Stadt zurück. Überall suchten sie ihren Sohn. Zwei Tage lang waren sie in Ungewissheit.

Endlich, am dritten Tag, fanden sie Jesus. Er saß im Tempel – mitten unter den Schriftgelehrten. Er hörte zu, was sie sagten. Er redete mit ihnen. Sie sprachen über Gott.

Die Erwachsenen staunten über den zwölfjährigen Jesus. Sie wunderten sich über seine Fragen und über die Antworten, die er gab.

Maria und Josef waren froh, als sie Jesus sahen. Aber sie waren sehr aufgeregt. Denn sie hatten sich große Sorgen gemacht.

Die Mutter sagte zu ihm: „Kind, warum hast du uns solchen Kummer gemacht? Dein Vater und ich haben dich ganz verzweifelt gesucht!"

Jesus sah sie an. Er antwortete ganz ruhig: „Warum habt ihr mich gesucht? Habt ihr denn nicht gewusst, dass ich im Haus meines Vaters sein muss?"

Dann stand Jesus auf und ging mit seinen Eltern zurück nach Nazareth. Er wollte ihnen ein gehorsamer Sohn sein.

Seine Mutter bewahrte alles in ihrem Herzen und dachte immer wieder darüber nach.

Jesus wurde größer. Er verstand immer mehr. Er wurde ein junger Mann, der Gott und den Menschen gefiel.

Lukas 2, 41–52

Johannes der Täufer

In der Wüste von Judäa trat ein gewaltiger Prediger auf. Es war Johannes der Täufer. Gott hatte ihn gerufen und ihm den Auftrag gegeben, zu predigen und zu taufen.

Johannes verkündete dem Volk mit großem Ernst: „Tut Buße! Kehrt um von euren verkehrten Wegen und ändert euer Leben! Denn Gott ist uns ganz nahgekommen. Er sammelt jetzt Menschen für sein Reich und will seine Herrschaft bei uns aufrichten."

Johannes zog durch die ganze Gegend am Fluss Jordan und lud die Leute ein, sich von ihm taufen zu lassen.

Er sagte: „Lasst euch taufen! Gottes Wasser wird euch von allem Schmutzigen und Bösen reinigen. Lasst ab von allem Schlechten und Verkehrten und fangt ein neues Leben an! Dann wird Gott euch eure Schuld vergeben und mit euch sein."

Viele Menschen kamen zu Johannes, aus der Stadt Jerusalem, aus der Landschaft Judäa und aus der Jordangegend. Sie hörten dem Täufer zu und waren tief beeindruckt. Offen gaben sie ihre Schuld und ihre Fehler zu und ließen sich von Johannes im Jordan taufen. Viele begannen ein neues Leben und warteten auf Gottes Kommen.

Johannes der Täufer brauchte nicht viel zum Leben. Er verzichtete auf allen Wohlstand und zog sich ganz einfach an. Er trug ein Gewand aus Kamelhaaren und band es mit einem Ledergürtel. Er ernährte sich von Heuschrecken und Honig von wilden Bienen. Viele, die ihn erlebten, sagten: „Er ist ein großer Gottesmann!"

Eines Tages kamen zu Johannes die Vertreter von zwei Religionsparteien, die im Volk Israel eine wichtige Stellung einnahmen. Es waren die

Pharisäer und die Sadduzäer. Sie dachten über Gott nach und lasen in den heiligen Schriften. Jede Gruppe hatte ihre besonderen Lehren.

Zu den Pharisäern gehörten viele Schriftgelehrte. Sie hielten sich genau an die Gesetze von Mose und an die Vorschriften der Vorfahren. Sie regelten das tägliche Leben nach strengen Bestimmungen.

Zu den Sadduzäern gehörten viele Priester, auch die Oberpriester am Tempel, und andere Männer aus den führenden Kreisen des Volkes. Beide Parteien meinten, zu Gottes auserwähltem Volk zu gehören und Anteil an seinem kommenden Reich zu haben.

Als die Pharisäer und Sadduzäer nun zu Johannes kamen, wollten sie sich von ihm taufen lassen. Aber Johannes fuhr sie an und hielt ihnen vor: „Ihr Schlangenbrut! Wer hat euch eingeredet, dass ihr dem Gericht Gottes entgehen werdet? Zeigt erst einmal durch eure Taten, dass ihr euer Leben wirklich ändern wollt! Bildet euch nicht ein, uns kann nichts geschehen! Meint ja nicht, es genüge, dass ihr Abraham zum Vorfahren habt! Ich sage euch: Gott ist auf euch gar nicht angewiesen! Hier aus diesen Steinen kann er sich Nachkommen Abrahams machen, wenn er will! Hört, was Gott euch durch mich sagt! Die Axt liegt schon den Bäumen an der Wurzel. Jeder Baum, der keine guten Früchte bringt, wird abgehauen und ins Feuer geworfen."

Als die Menge das hörte, fragte sie bestürzt: „Was sollen wir denn tun?"

„Wer zwei Anzüge hat", antwortete Johannes der Täufer, „der gebe einen davon dem, der keinen hat! Und wer genug zu essen hat, der soll dem Hungernden davon abgeben."

Da kamen die Zollbeamten zu Johannes, um sich taufen zu lassen.

Sie fragten ihn: „Und wir, Prediger Gottes, was sollen wir tun?"

Er antwortete: „Fordert von den Leuten nicht mehr Geld, als euch vorgeschrieben ist!"

Nun traten auch die Soldaten vor und fragten: „Was müssen wir tun?"

„Misshandelt keinen! Beraubt und erpresst niemanden, um Geld zu bekommen, sondern begnügt euch mit eurem Sold!"

Noch viele andere Ermahnungen richtete er an das Volk und rüttelte es dadurch auf.

Die Menschen waren aufgeregt und in großer Erwartung. Sie fragten sich, ob Johannes der von Gott versprochene Retter und Erlöser wäre.

Als der Täufer das merkte, erklärte er vor dem ganzen Volk: „Ich taufe euch nur mit Wasser. Es kommt aber einer nach mir, der ist mächtiger als ich. Ich bin nicht gut genug, ihm auch nur die Schuhe aufzubinden. Er wird euch mit dem Heiligen Geist und mit Feuer taufen."

Und wieder rief er die Menschen auf, Buße zu tun und ihr Leben zu ändern: „Der kommende Herr steht schon auf der Diele seines Hofes und hat die Wurfschaufel in der Hand. Ihr wisst doch, wie es bei der Ernte zugeht. Der Weizen wird hochgeworfen und die Körner fallen nach unten und kommen in die Scheune. Aber die leeren Ährenhülsen fliegen zur Seite und werden nachher mit Feuer verbrannt. So trennt der kommende Herr das Getreide von dem leeren Stroh und hält Gericht über die Menschen."

Matthäus 3, 1–12; Lukas 3, 1–18

Die Taufe Jesu

Zu dieser Zeit kam Jesus aus Galiläa an den Jordan.

Als Johannes der Täufer ihn kommen sah, sagte er zu den Menschen: „Das ist er! Ihn meinte ich, als ich sagte: Nach mir kommt einer, der mächtiger ist als ich. Er war schon da, bevor ich geboren wurde. Ich kannte ihn noch nicht, als ich euch sein Kommen ankündigte. Aber ich habe gepredigt und getauft, um ihm den Weg zu bereiten."

Und Johannes zeigte auf Jesus und sprach: „Seht, das ist Gottes unschuldiges Opferlamm, das die Schuld der ganzen Welt auf sich nimmt!"

Da kam Jesus auf Johannes zu und bat ihn: „Tauf mich!"

Johannes erschrak.

Er wusste: Der hier vor ihm stand, war kein sündiger Mensch wie die anderen. Er gehörte zu Gott.

Darum versuchte Johannes der Täufer, Jesus von seinem Wunsch abzubringen.

Er sagte: „Du kommst zu mir, um dich von mir taufen zu lassen? Das verstehe ich nicht. Ich müsste von dir getauft werden! Denn ich habe es nötig, mich reinigen zu lassen, aber nicht du!"

Aber Jesus antwortete ihm: „Lass es jetzt so geschehen! Wir sollen tun, was vor Gott recht ist. Ich will mich ganz zu denen stellen, die sich nach einem neuen Leben sehnen. Das ist mein Auftrag."

Da gab Johannes nach. Er ging mit Jesus hinunter in das Wasser des Jordan und taufte ihn.

Als Jesus getauft war, stieg er aus dem Wasser und betete.

Da öffnete sich der Himmel über ihm. Und wie eine Taube von oben herabkommt, so kam der Geist Gottes auf Jesus herab.

Und eine Stimme aus dem Himmel sagte: „Dies ist mein geliebter Sohn. An ihm habe ich Wohlgefallen. Ihn habe ich erwählt."

Die Taufe war für Jesus ein besonderes Erlebnis. Sie machte ihm Mut, ganz für Gott da zu sein.

Gott selbst hatte zu ihm gesprochen und ihn seinen Sohn genannt.

Nun wusste Jesus, was er zu tun hatte. Er wollte durch das Land Galiläa ziehen, den Menschen von Gott erzählen und sie in sein Reich einladen.

In Nazareth war Jesus als ältester Sohn in einer kinderreichen Familie aufgewachsen. Denn Maria und Josef hatten nach ihm noch mehrere Söhne und Töchter bekommen. Die Brüder hießen Jakobus, Joses, Judas und Simon.

Aber nun verließ Jesus sein Elternhaus und seine Geschwister und ging aus Nazareth fort. Er suchte die Stille und wollte zunächst ganz für sich allein sein. Auch seinen Beruf gab Jesus auf. Er war wie sein Vater Zimmermann geworden und hatte in Nazareth einige Jahre gearbeitet.

Er wollte nichts anderes als ein Prediger Gottes sein. Er wollte den Menschen helfen und ihnen die Liebe Gottes nahebringen. Jesus war etwa dreißig Jahre alt, als er von zu Hause wegging.

Matthäus 3, 13–17; Johannes 1, 29–31; Markus 6, 3

Die Berufung der Jünger

Eines Tages kam Jesus an den See Genezareth. Er ging am Ufer entlang. Da sah er zwei Brüder, Simon und Andreas. Sie waren Fischer und warfen gerade ihr Netz aus.

Jesus wusste: „Die sind es!"

Er sprach die beiden jungen Männer an: „Kommt mit mir! Ihr sollt nicht mehr Fische fangen. Ihr sollt von nun an Menschen für Gott gewinnen!"

Sofort ließen sie ihre Netze liegen und gingen mit Jesus. Seinem Ruf mussten sie folgen.

Als Jesus mit ihnen weiterging, sah er zwei andere Brüder, Jakobus und Johannes. Sie saßen mit ihrem Vater Zebedäus in einem Fischerboot. Das Boot war an Land gezogen. Die Männer reinigten und flickten ein großes Schleppnetz.

„Kommt mit!", rief Jesus den beiden Brüdern zu. „Gott braucht euch! Wir wollen Menschen sammeln für sein Reich."

Jakobus und Johannes verließen das Boot und ihren Vater und folgten Jesus sofort.

Als Jesus weiterging, sah er einen Zollbeamten in seinem Zollhaus sitzen. Es war Levi, der Sohn des Alphäus.

Jesus wusste: Die Zollbeamten standen oft in schlechtem Ruf. Sie arbeiteten für die römische Besatzungsmacht. Sie nahmen gern mehr Steuern von den Leuten, als vorgeschrieben war. Sie bereicherten sich auf Kosten anderer.

Gerade deshalb, weil Jesus das wusste, sprach er Levi an: „Du, komm mit! Ich brauche dich! Du sollst mein Jünger sein."

Wie erlöst sprang Levi auf und ging mit. Zollhaus und Steuern kümmerten ihn nicht mehr.

Er lud Jesus und die anderen Jünger in sein Haus ein: „Bitte kommt zu mir! Seid meine Gäste!"

Und Jesus kam mit seinen Freunden in Levis Haus.

Levi hatte eine Mahlzeit für seine Gäste vorbereitet. Viele Zolleinnehmer nahmen daran teil. Auch andere Menschen, die einen schlechten Ruf hatten und auf die man verächtlich herabsah, saßen mit am Tisch.

Und Jesus und seine Freunde mitten unter ihnen! Einige Pharisäer sahen, wie Jesus mit diesen Leuten zusammensaß und mit ihnen ein gemeinsames Mahl einnahm.

Sie ärgerten sich darüber und fragten seine Jünger: „Wie kann er sich mit Zolleinnehmern und anderem Gesindel an einen Tisch setzen? Er muss doch wissen, was das für Leute sind! Dieser Jesus! Warum tut er das?"

Jesus hörte die Fragen der Pharisäer und antwortete ihnen: „Ich will euch sagen, warum ich hier sitze. Die Gesunden brauchen keinen Arzt, wohl aber die Kranken. Ich bin nicht zu denen gekommen, bei denen alles in Ordnung ist. Ich will für die da sein, die mich brauchen. Gott lädt gerade die Ausgestoßenen, die Verachteten, die Sünder in sein Reich ein."

Nun waren schon fünf Jünger um Jesus versammelt: Simon und Andreas, Jakobus und Johannes und Levi, der auch Matthäus genannt wurde. Danach nahm Jesus noch sieben andere Männer in seinen Jüngerkreis auf. Es waren Philippus, Bartholomäus, Thomas, ein anderer Simon und ein anderer Jakobus, Taddäus und Judas Iskariot, der ihn später verriet.
So hatte Jesus zwölf Männer zu seinen Jüngern ausgewählt.

Die Zahl Zwölf war Jesus wichtig.

Das Volk Israel bestand ursprünglich aus zwölf Stämmen, benannt nach den zwölf Söhnen Jakobs. Mit seinem Zwölferkreis wollte Jesus zeigen: Das ganze Volk Gottes, zu dem ich meine Jünger aussende, ist in mein Reich eingeladen!

Aber auch viele andere Menschen sammelten sich um Jesus. Sie hörten ihm gern zu, nannten ihn ihren Meister und zogen manchmal mit ihm durch das Land. Darunter waren auch viele Frauen.

Jesus zog mit seinen Jüngern durch ganz Galiläa. Wohin er kam, da strömten die Menschen zusammen. Sie merkten: Hier kommt einer in der Vollmacht Gottes.

Jesus vollbrachte große Taten. Er heilte Kranke. Er machte Traurigen Mut. Er vergab den Menschen ihre Schuld. Er verteidigte die Armen und Hilflosen. Er gab den Hungernden zu essen.

Wohin Jesus kam, wurde wahr, was er predigte: „Freuen dürfen sich alle, die unter der Not der Welt leiden! Denn Gott nimmt ihnen ihre Last ab."

Matthäus 4, 12–24; 10, 2–4; Lukas 3, 19–20; 5, 27–32

Jesus hilft und heilt

Der Hauptmann von Kapernaum

Jesus predigte und heilte Kranke. Er zog durch das Land und wohnte einmal hier und einmal dort. Manchmal nahmen ihn Freunde in ihr Haus auf und sorgten für Essen und Trinken.

Lange Zeit aber lebte Jesus in Kapernaum. In dieser kleinen Stadt am nördlichen See Genezareth, in der auch die Familie seines Jüngers Simon Petrus zu Hause war, fühlte er sich wohl. Man nannte sie seine Stadt.

In Kapernaum kam eines Tages ein römischer Offizier zu Jesus. Er war Hauptmann, der das Kommando über hundert Soldaten hatte.

Eilig trat er auf Jesus zu und sagte: „Herr, ich habe eine große Bitte an dich. Mein junger Diener, mein Bursche, ist sehr krank. Er liegt bei mir zu Hause und ist gelähmt. Er hat entsetzliche Schmerzen. Er kann es nicht mehr aushalten. Kein Arzt kann ihm helfen."

„Soll ich kommen und ihn gesund machen?", fragte Jesus.

Der Hauptmann erwiderte: „Herr, ich kann es dir nicht zumuten, in mein Haus zu kommen. Du bist ein Israelit und ich gehöre nicht zu deinem Volk. Ich bin es nicht wert, dich bei mir empfangen zu dürfen. Aber sprich nur ein Wort und mein Diener wird wieder gesund!"

Inzwischen hatten sich um Jesus und den Hauptmann herum viele Menschen angesammelt und hörten dem Gespräch zu.

„Herr", sagte der Hauptmann zu Jesus, „ich weiß, wie das mit dem Befehlen ist. Ich habe Vorgesetzte und ihre Befehle führe ich gehorsam aus. Ich selbst gebe auch Befehle an meine Soldaten. Sage ich zu dem einen: ‚Geh!', dann geht er. Sage ich zu dem anderen: ‚Komm her!', dann kommt er. Und wenn ich meinem Burschen befehle: ‚Tu das!', dann führt er meinen Auftrag aus. Darum bitte ich dich, Herr: Ein Wort nur von dir!"

Als Jesus das hörte, wunderte er sich sehr. Er wandte sich an die Menschen, die um ihn herumstanden, und sagte: „So ein großes Vertrauen habe ich in ganz Israel noch nicht gefunden! Hier, dieser fremde Römer, den ihr als Feind betrachtet, glaubt an Gottes Macht und an mich! Besser, tiefer und mehr als ihr! Darum sage ich euch: Noch viele Menschen aus aller Welt werden kommen und mit Abraham, Isaak und Jakob das Freudenfest feiern, wenn Gott sein Reich vollendet. Aber die Menschen, die zuerst für das Reich Gottes bestimmt waren, werden in die Finsternis hinausgestoßen werden. Da werden sie heulen und wehklagen."

Dann sagte Jesus zu dem Hauptmann: „Geh nach Hause und sei getrost! Was du mir zutraust, soll geschehen!"

Und in derselben Stunde wurde der junge Diener des Hauptmanns gesund.

Matthäus 8, 5–13

Jesus heilt einen Gelähmten

Es war wieder in Kapernaum. Jesus kam gerade nach Hause. Da sprach es sich unter den Leuten herum: „Jesus ist in seinem Haus!"

Sogleich strömten die Menschen zusammen. Sie drängten sich so, dass auch draußen vor der Tür kein Platz mehr war.

Ihnen allen verkündete Jesus die frohe Botschaft: „Freut euch! Gott ist nah! Ein ganz neues Leben wartet auf euch."

Mit einem Mal kamen vier Männer herbei. Sie trugen einen Gelähmten. Er lag auf einer Matte und konnte sich nicht bewegen.

Die Männer wollten mit dem Gelähmten zu Jesus. Sie dachten: „Jesus wird ihm helfen."

Aber sie kamen nicht zu Jesus in das Haus hinein. Zu groß war das Gedränge der Menschen, die Jesus sehen und hören wollten. Sie ließen keinen durch.

Da gingen die vier um das Haus herum zu einer Treppe, die außen am Haus nach oben führte. Sie stiegen auf das flache Dach und nahmen den Kranken auf seiner Matte mit.

Dann begannen sie das Dach abzudecken. Es war zwischen den Balken ganz einfach aus Lehm und geflochtenen Zweigen gebaut. Sie brachen den

Lehm auf und zogen die Zweige heraus, bis sie ein großes Loch gemacht hatten. Gerade über der Stelle, wo Jesus predigte.

Erstaunt sah Jesus nach oben. Da ließen die vier Männer den Gelähmten auf seiner Matte an Stricken zu ihm hinunter, gerade vor seine Füße.

Da lag er nun vor ihm, der Kranke in seiner Not. Jesus sah ihn an. Er schaute auf die vier Männer, die ihn herabgelassen hatten. Er fühlte, wie stark ihr Glaube war und wie groß ihr Vertrauen zu ihm.

Und er sprach zu dem Gelähmten: „Mein Bruder, hab keine Angst! Deine Schuld ist dir vergeben!"

Einige Leute waren enttäuscht. Warum sagte Jesus nicht: Sei wieder gesund! Sie wunderten sich. Was Jesus sagte, war ihnen zu wenig.

Die Schriftgelehrten, die dabeistanden, waren empört. Ihnen war das, was Jesus sagte, viel zu viel.

Sie dachten: „Unerhört! Wie kann er es wagen, so zu reden! Das ist Gotteslästerung. Gott allein kann uns unsere Schuld vergeben, niemand sonst!"

Jesus merkte, was sie dachten, und durchschaute sie.

Er sah die Schriftgelehrten an und fragte: „Was macht ihr euch da für Gedanken? Ihr meint, ich darf keine Schuld vergeben. Sagt mir, was ist leichter? Dem Gelähmten zu sagen: ‚Du bist frei von Schuld!', oder ihn zu heilen?"

Die Schriftgelehrten sahen Jesus an. Sie wussten nichts zu antworten.

Da sagte Jesus: „Gott kann beides. Und nun sollt ihr sehen, dass Gott mir Macht gegeben hat, auch Sünde zu vergeben."

Er wandte sich an den Gelähmten und sprach: „Ich sage dir: Steh auf, nimm deine Matte und geh nach Hause!"

Im selben Augenblick stand der Mann auf, nahm seine Matte und ging hinaus.

Fassungslos machten ihm die Menschen Platz und sahen ihm nach.

Dann riefen sie begeistert: „So etwas haben wir noch nie erlebt!" Sie lobten Gott und sagten: „Es gibt noch Wunder! Dieser Jesus hat wirklich Macht von Gott!"

Nur die Schriftgelehrten sagten nichts.

Markus 2, 1–12

Jesus und die Kinder

Eines Tages kamen ein paar junge Mütter zu Jesus. Sie brachten ihre kleinen Kinder mit. Die Mütter wollten gern, dass Jesus ihre Kinder sah.

„Jesus hat Macht von Gott", sagten sie. „Er soll unsere Kinder berühren. Er soll ihnen die Hand auflegen und sie segnen."

Jesus sprach gerade mit einigen Männern. In dichtem Kreis standen sie um ihn herum. Da sahen die Jünger Jesu die Mütter mit ihren Kindern kommen.

„Was wollt ihr denn von Jesus?", fragten sie.

Die Mütter antworteten ihnen: „Wir möchten Jesus unsere Kinder zeigen. Wir wollen ihn bitten, sie zu segnen. Gott soll sie schützen und bewahren."

„Jetzt hat Jesus keine Zeit für euch. Ihr seht doch, er ist gerade in einem Gespräch", sagten die Jünger.

Einer der Jünger meinte noch: „Überhaupt hat unser Meister Wichtigeres zu tun, als sich um kleine Kinder zu kümmern. Stört ihn nicht!"

„Kinder sind noch zu klein", sagten einige Erwachsene, die dabeistanden. „Sie verstehen noch nichts von Gott."

Da wurden die Mütter traurig und wollten wieder weggehen.

Aber Jesus hatte die Mütter mit ihren kleinen Kindern schon gesehen. Er hatte gehört, was seine Jünger gesagt hatten, und wurde ärgerlich.

Er rief ihnen zu: „Die Kinder sollen zu mir kommen! Haltet sie nicht davon ab. Sagt den Müttern Bescheid! Sie sollen kommen. Ich erwarte sie."

Die Mütter wurden sehr froh. Sie gingen mit ihren Kindern zu Jesus. Er empfing sie freundlich.

Er sagte zu den Männern und Frauen: „Kinder gehören zu Gott. Gott liebt die Kinder. Wisst ihr das nicht? Gerade für Kinder steht Gottes neue Welt offen."

Dann wurde er sehr ernst und sagte: „Täuscht euch nicht, ihr Erwachsenen: Ihr könnt von den Kindern lernen! Sie kommen mit offenen Händen. Sie sind erwartungsvoll. Sie lassen sich gern beschenken. Ihr müsst Gottes Liebe annehmen wie ein kleines Kind. Sonst werdet ihr sie nie erleben!"

Dann bückte sich Jesus und nahm die kleinen Jungen und Mädchen in die Arme. Ein Kind nach dem anderen. Er streichelte sie.

Dann legte er ihnen die Hand auf und segnete sie: „Gott schütze dich und behüte dich! Du bist sein Kind."

Die Jünger waren erstaunt. Und die Mütter freuten sich.

An einem anderen Tage waren die Jünger mit Jesus unterwegs. Jesus ging voran. Die Jünger kamen hinterher. Die Jünger stritten sich darüber, wer von ihnen wohl der Größte und Bedeutendste wäre.

Als sie nach Hause kamen, fragte Jesus sie: „Worüber habt ihr euch denn unterwegs gestritten?"

Da schämten sich die Jünger vor Jesus und schwiegen.

Jesus setzte sich hin. Er rief alle seine zwölf Jünger zusammen und sagte: „Wer von euch der Erste sein will, der muss sich allen anderen unterordnen und ihnen dienen."

Dann rief er ein Kind herbei und stellte es in ihre Mitte.

Er nahm es in seine Arme und sagte: „Wer so wenig aus sich macht wie dieses Kind, der ist in der neuen Welt Gottes der Größte. Und wer in meinem Namen solch ein Kind aufnimmt, der nimmt mich auf."

Zum Schluss sagte Jesus zu seinen Jüngern: „Ändert euch und lernt von dem Kind!"

Markus 10, 13–16; 9, 33–37

Jesus heilt einen Taubstummen

Jesus wanderte durch das Gebiet der zehn Städte. Es lag östlich vom Jordan, nicht weit vom See Genezareth.

Dort brachten sie einen Mann zu ihm, der taub war. Er konnte kein Wort hören. Außerdem konnte er auch nicht richtig reden. Es kamen nur stammelnde Laute aus seinem Mund. Keiner konnte ihn verstehen. Es war ein taubstummer Mann.

Die Leute, die ihn brachten, baten Jesus: „Bitte leg ihm die Hände auf! Heile ihn! Er soll gesund werden. Er soll hören und richtig sprechen können."

Jesus sah den Mann an und nahm ihn zur Seite. Er führte ihn von der Menschenmenge weg. Er wollte mit ihm allein sein. Er wollte jetzt keine Zuschauer haben.

Als sie allein waren, legte Jesus dem Kranken die Finger in die Ohren und berührte seine Zunge mit Speichel. Damit zeigte er dem Mann: Ich weiß, da sitzt die Not. Und da sollst du merken, dass ich dir helfe!

Dann blickte Jesus zum Himmel auf, redete mit Gott: „Höre mich, Vater!"

110

Er bekam von Gott Macht und Gewalt und befahl: „Öffne dich, Ohr! Löse dich, Zunge!"

Da gingen die Ohren des Tauben auf und die Zunge des Stummen löste sich. Er konnte mit einem Mal hören. Jedes Wort hören und verstehen. Und er konnte mit einem Mal sprechen. Jedes Wort richtig und gut sprechen.

Als Jesus mit dem geheilten Mann zu den Menschen zurückkam, verbot er ihnen, über das Geschehene zu sprechen.

Er schärfte ihnen ein: „Sagt es nicht weiter, was mit diesem Mann passiert ist! Es soll ein Geheimnis bleiben!"

Aber je eindringlicher er es den Leuten sagte, umso eifriger erzählten sie es in der ganzen Gegend weiter. Denn sie waren so erstaunt und so verwundert über das Erlebnis, dass sie es anderen einfach mitteilen mussten.

Sie sagten: „Er hat alles in Ordnung gebracht. Es ist großartig, was er im Namen Gottes tut! Sogar die Tauben können hören und die Stummen finden ihre Sprache durch ihn."

Markus 7, 31–37

Jesus bei Zachäus: Ein Reicher kehrt um

In der Stadt Jericho lebte ein Mann, der Zachäus hieß. Er war der oberste Zollbeamte und beaufsichtigte alle anderen Steuereinnehmer. Er musste dafür sorgen, dass die Römer ihre Wegesteuer bekamen. Wenn jemand mit Waren über die Grenze ging, dann musste er am Zollhaus den Wegzoll bezahlen.

Zachäus war sehr reich. Aber er hatte seinen Reichtum nicht auf ehrliche Weise erworben. Er betrog die Leute. Er nahm ihnen mehr Geld ab, als die Römer haben wollten.

Die Steuergelder, die er zu viel einnahm, behielt er für sich. Darum war Zachäus bei vielen unbeliebt. Sie nannten ihn einen Römerfreund und einen Betrüger.

Eines Tages kam Jesus nach Jericho.

Viele Menschen liefen zusammen und wollten ihn sehen. Sie drängten sich an der Straße.

Auch Zachäus kam und wollte Jesus sehen. Aber er war klein und die Menschenmenge versperrte ihm die Sicht. Niemand ließ ihn durch, denn jeder wusste, wer er war.

Aber Zachäus gab nicht auf. Er wollte Jesus unbedingt sehen. Er rannte die Straße ein Stück voraus und kletterte auf einen Maulbeerfeigenbaum.

Zachäus dachte: „Hier habe ich den besten Platz. Wenn Jesus vorbeikommt, dann kann ich ihn genau sehen."

Und Jesus kam.

Als er am Baum war, auf dem Zachäus saß, entdeckte er ihn und blieb stehen.

Er sah zu Zachäus hinauf und rief ihm zu: „Zachäus, komm schnell herunter! Ich möchte dich heute besuchen und Gast in deinem Haus sein."

Zachäus schlug das Herz bis zum Hals. Im Nu war er vom Baum herunter und nahm Jesus mit großer Freude in sein Haus auf.

Die Menschen, die dabei waren, sahen es und empörten sich.

Sie sagten: „Wie kann er nur bei diesem Mann einkehren! Jeder weiß doch, dass er ein Dieb und Betrüger ist! Warum tut er das?"

Aber Zachäus war voller Freude. Er hatte Jesus nur sehen wollen. Und Jesus hatte ihn bemerkt und angesprochen und war nun sogar in seinem Haus eingekehrt! Und die Freude veränderte Zachäus. Sie machte ihn besser.

Mit einem Mal brach es aus ihm heraus: „Herr", sagte er zu Jesus, „ich weiß, dass ich verkehrt gelebt habe. Aber von jetzt an will ich nicht mehr betrügen. Ich verspreche dir: Die Hälfte von allem, was ich habe, gebe ich den Armen. Und wem ich am Zoll zu viel Geld abgenommen habe, dem gebe ich es vierfach zurück!"

Da sagte Jesus zu ihm: „Heute ist ein großer Tag für dich und deine Familie, Zachäus! Gott hat dich gerettet und auf den rechten Weg gebracht. Was du auch früher getan hast: Jetzt bist du Gottes Kind und gehörst zu seinem Volk."

Und denen, die empört waren, dass er bei Zachäus einkehrte, sagte er: „Ärgert euch nicht, sondern freut euch! Gott nimmt die Sünder an und verändert sie. Das hat mein Besuch bei Zachäus gezeigt. Denn ich bin gekommen, die Verlorenen zu suchen und zu retten."

Lukas 19, 1–10

Jesus gibt fünftausend Menschen zu essen

Jesus schickte seine zwölf Jünger aus. Sie sollten durch das Land gehen und den Menschen die gute Nachricht verkünden.

Nur das Nötigste nahmen sie mit. Immer zu zweit zogen sie durch die Städte und Dörfer und predigten den Leuten: „Gott hat uns den Retter gesandt. Glaubt an ihn und fangt ein neues Leben an!"

Jesus hatte seinen Jüngern auch die Macht gegeben, Wunder zu tun. So heilten sie in seinem Namen viele Kranke und trieben böse Geister aus.

Als sie wieder zurückkehrten, wollten sie Jesus alles erzählen, was sie in seinem Auftrag getan hatten. Aber sie kamen gar nicht dazu. Denn es saßen und standen überall Menschen herum, die etwas von Jesus wollten. Es war ein dauerndes Kommen und Gehen, dass sie nicht einmal Zeit zum Essen fanden.

„Kommt", sagte Jesus schließlich zu seinen Jüngern, „wir suchen uns einen einsamen Platz. Dort sind wir für uns und ihr könnt euch etwas ausruhen."

Sie gingen an das Ufer vom See Genezareth und stiegen in ein Boot. Sie legten ab und fuhren an eine einsame Stelle.

Aber viele Leute hatten sie beim Abfahren beobachtet. Und viele andere hörten davon. So liefen die Menschen aus den Dörfern an den See und zogen am Ufer entlang. Sie beeilten sich so sehr, dass sie noch vor Jesus und seinen Jüngern an der Landestelle waren.

Da kam Jesus mit dem Boot. Als er mit seinen Jüngern ausstieg, sah er die vielen Menschen, die am Ufer schon auf ihn warteten.

Sollte er sie wegschicken? Nein, das konnte er nicht. Dazu taten ihm die Menschen viel zu leid. Sie kamen ihm verlassen und verloren vor wie verlaufene Schafe, die keinen Hirten hatten.

Er nahm sich Zeit und sprach lange zu ihnen. Er erklärte ihnen Gottes Wort und machte ihnen Mut, auf Gottes Freundlichkeit zu vertrauen.

Inzwischen wurde es Abend.

Da traten die Jünger leise an ihn heran und sagten: „Wir sind hier in einer einsamen Gegend und es ist schon spät. Es wäre gut, wenn du die

Menschen jetzt gehen lässt. Dann können sie sich in den nächsten Höfen und Dörfern etwas zu essen besorgen."

„Warum?", erwiderte Jesus. „Ihr könnt ihnen doch auch etwas zu essen geben!"

„Was sollen wir ihnen denn geben?", wunderten sich die Jünger. „Wir müssten ja für zweihundert Denare Brot einkaufen! Wir haben doch längst nicht so viel Geld, das weißt du doch!"

„Wie viel Brot habt ihr denn bei euch?", erkundigte sich Jesus. „Seht doch einmal nach!"

Die Jünger suchten zusammen, was sie hatten.

„Fünf Brote und zwei Fische sind es nur", sagten die Jünger zu Jesus.

Da befahl Jesus: „Sorgt dafür, dass sich die Leute in Gruppen ins Gras setzen!"

Und sie bildeten Gemeinschaften zu hundert oder zu fünfzig und lagerten sich wie an großen Tischen.

Dann nahm Jesus die fünf Brote und die zwei Fische. Er sah zum Himmel auf und dankte Gott dafür. Er brach die Brote in Stücke und reichte sie den Jüngern. Die Jünger verteilten sie an das Volk. Und Jesus nahm die beiden Fische. Er teilte sie und gab sie den Jüngern. Die Jünger verteilten sie.

Fünftausend Menschen nahmen an der Mahlzeit teil. Und alle aßen. Alle bekamen genug zu essen und wurden satt.

Zum Schluss sagte Jesus zu seinen Jüngern: „Nun sammelt auf, was von den fünf Broten übrig geblieben ist!"

Da sammelten die Jünger die Reste ein. Es wurden zwölf Körbe voll Brot.

Markus 6, 30–44

Jesus erweckt zwei Tote zum Leben: Der junge Mann aus Nain und die Tochter des Jairus

Wieder wanderte Jesus durch das Land. Diesmal kam er zu der kleinen Stadt Nain im Süden Galiläas.

Seine Jünger und viele andere Leute zogen mit ihm. Als sie sich dem

Stadttor näherten, begegnete ihnen ein Trauerzug. Ein junger Mann war gestorben, der einzige Sohn einer Witwe.

Viele Trauergäste aus der Stadt begleiteten die Mutter auf dem Weg zur Beerdigung.

Jesus sah die trauernde Witwe. Sie ging hinter der Bahre her, auf der ihr Sohn lag.

Nach dem Tod des Mannes hatte sie nun auch ihren einzigen Sohn verloren. Sie weinte und schluchzte und verhüllte ihr Gesicht. Der Tod ihres Sohnes brachte sie in Schmerz und Not. Sie hatte keinen männlichen Schutz mehr, keinen Ernährer, der Geld verdiente. Was sollte nur werden – jetzt, wo sie einsam und hilflos war?

Jesus war von ihrem Leid und ihrer Not tief bewegt. Er ging auf die Frau zu und tröstete sie: „Weine nicht mehr! Ich will dir helfen.“

Dann trat er an die Bahre und legte seine Hand auf den Toten. Die Träger blieben stehen.

Jesus sagte zu dem Toten: „In Gottes Namen befehle ich dir: Komm ins Leben zurück! Steh auf!“

Da öffnete der junge Mann die Augen, richtete sich auf und begann zu sprechen. Und Jesus gab ihn seiner Mutter lebend zurück.

Alle, die das miterlebten, erschraken und entsetzten sich sehr. Und sie konnten es nicht fassen.

Aber als sie Furcht und Schrecken überwunden hatten, brachen sie in lauten Jubel aus und riefen: „Gott sei Lob und Dank! Er hat uns einen mächtigen Propheten geschickt. Er hilft seinem Volk.“

Das Wunder, das Jesus getan hatte, sprach sich in Windeseile in ganz Israel und in den angrenzenden Gebieten herum.

Danach kehrte Jesus wieder zum See Genezareth zurück. Dort wartete schon eine große Menschenmenge auf ihn. Er lehrte die Menschen und predigte vom Reich Gottes.

Da lief plötzlich ein Mann ganz aufgeregt auf ihn zu. Es war Jairus, der Vorsteher der Synagoge.

In höchsten Nöten fiel er vor Jesus nieder und bat ihn: „Meine Tochter ist todkrank! Sie ist zwölf Jahre und mein einziges Kind. Bitte komm schnell in mein Haus und leg ihr die Hände auf! Wenn du sie nicht rettest, muss sie sterben!“

Jesus sah die Not des Mannes und machte sich sofort mit ihm auf den Weg in die Stadt. Seine Jünger und viele andere Leute begleiteten ihn.

Es war ein solches Menschengedränge, dass Jesus nur langsam vorankam. Unterwegs wurde er auch noch von einer kranken Frau aufgehalten. Sie suchte Heilung bei Jesus.

Jesus nahm sich für sie Zeit und sprach mit ihr. Zuletzt sagte er: „Dein Glaube hat dir geholfen. Du kannst jetzt getrost nach Hause gehen. Du bist geheilt."

Während Jesus noch mit der Frau redete, kamen einige Leute aus dem Haus des Synagogenvorstehers, liefen auf Jairus zu und sagten zu ihm: „Wir müssen dir leider mitteilen, dass deine Tochter eben gestorben ist. Es hat keinen Zweck mehr, den Meister zu holen. Du brauchst ihn nicht mehr zu bemühen. Es ist zu spät."

Jesus hörte das. Er wandte sich an Jairus und sagte: „Verzweifle nicht! Hab Vertrauen und verlass dich auf mich! Deine Tocher wird gerettet."

Dann ging er mit Jairus weiter.

Als sie auf das Haus des Synagogenvorstehers zukamen, sah Jesus schon von Weitem die vielen Menschen und hörte ihr Jammern und Wehklagen. Mit Holzklappern und Pfeifen hielten sie die Totenklage für das Mädchen.

Jesus ging in das Haus und sagte zu den klagenden Frauen: „Was soll der Lärm hier? Warum weint und klagt ihr? Das Mädchen ist nicht tot, es schläft nur!"

Da lachten sie Jesus aus. Sie spotteten: „Sieh dir das Mädchen doch an! Es ist schon kalt und starr. Die wacht nicht wieder auf! Die gibt der Tod nicht wieder her!"

Jesus schickte alle Leute aus dem Haus. Nur die Eltern des Mädchens und seine drei Jünger Petrus, Johannes und Jakobus durften bleiben.

Dann ging er zu dem Mädchen. Er trat an das Bett und ergriff die Hand des Mädchens.

Jesus sagte: „Steh auf, mein Kind!"

Sofort erwachte das Mädchen, stand auf und ging im Zimmer umher.

Ihre Eltern waren fassungslos. Sie brachten kein Wort heraus. Sie waren außer sich vor Entsetzen und Freude.

Jesus gebot ihnen: „Behaltet für euch, was ihr erlebt habt! Es muss noch ein Geheimnis bleiben, wer ich bin!" Dann sagte er: „Gebt dem Mädchen etwas zu essen, damit es sich wieder erholt!"

Lukas 7, 11–17; 8, 40–43. 48–56

Die Stillung des Seesturms

Wieder war Jesus mit seinen Jüngern am See Genezareth. Viele Menschen kamen und wollten Jesus predigen hören.

Da stieg Jesus mit seinen Jüngern in ein Boot. Er fuhr ein kleines Stück vom Ufer fort und predigte vom Boot aus. So konnten ihn die vielen Menschen besser sehen und hören.

Jesus sagte: „Freut euch! Gott ist euch ganz nah. Er lädt euch in sein Reich ein. Jetzt, wo ich bei euch bin, beginnt es. Habt keine Angst! Gott ist immer da."

Allmählich wurde es Abend. Da sagte Jesus zu seinen Jüngern: „Kommt, wir wollen an das andere Ufer des Sees hinüberfahren!"

Sie verabschiedeten sich von den Menschen und schickten sie nach Hause. Dann stießen sie ab und fuhren auf den See hinaus.

Einige andere Boote begleiteten sie zunächst. Dann fuhren sie in eine andere Richtung und blieben zurück.

Jesus war erschöpft und müde. Er legte sich im Boot nieder, nahm das Ruderkissen unter seinen Kopf und schlief ein.

So fuhren die Jünger miteinander über den dunklen See.

Plötzlich brach ein heftiger Sturm los. Mächtige Fallwinde fuhren über

die Berge daher, stürzten in den See und brachten ihn in gewaltige Bewegung.

Unter den Jüngern waren erfahrene Fischer und Bootsleute. Sie kannten Wind und Wellen. Aber vor diesem Sturm wurde selbst ihnen angst und bange. Sie konnten nichts dagegen tun. Immer höhere Wellen schlugen ins Boot. Es lief schon voll Wasser und drohte zu sinken.

Jesus aber schlief mitten im Sturm. Friedlich und geborgen lag er im Boot.

In heller Angst rüttelten ihn die Jünger wach: „Merkst du es nicht, Herr?", schrien sie. „Wir gehen unter!"

Jesus erwachte und sah die Angst der Jünger. Er sah den Sturm und die Wellen.

Da stand er auf. Und mit der Macht Gottes gebot er dem brüllenden Sturm und dem tobenden Wasser: „Sei still! Schweige! Verstumme sofort!"

Da legte sich der Sturm und die Wellen beruhigten sich. Das Wasser wurde glatt und eine große Stille breitete sich aus.

Die Jünger waren gerettet. Sie zitterten vor Entsetzen.

Jesus sah sie an. „Warum hattet ihr solche Angst?", fragte er. „Habt ihr noch immer keinen Glauben? Ich bin doch bei euch!"

Voller Staunen und Erschrecken flüsterten sie sich zu: „Was ist das für ein Mensch! Sogar Wind und Wellen gehorchen ihm!"

Markus 4, 35–41

Der sinkende Petrus

Eines Abends rief Jesus seine Jünger zu sich und sagte ihnen: „Ihr seht, es sind noch viele Menschen hier am See, die mich brauchen. Fahrt ihr schon mit dem Boot an das andere Seeufer! Ich komme später zu euch, wenn ich die Leute nach Hause geschickt habe."

Die Jünger stiegen in das Boot und fuhren hinaus auf das Wasser.

Bald danach verabschiedete Jesus die Menschen und ließ sie nach Hause gehen.

Dann ging er allein auf einen Berg, um zu beten.

Als es dunkel wurde, war er noch immer dort. Er sprach mit Gott. Und Gott gab ihm neue Kraft. Fast die ganze Nacht blieb Jesus allein auf dem Berg.

Die Jünger waren mit ihrem Boot weit draußen auf dem See. Sie kamen nur langsam voran. Denn sie hatten starken Gegenwind.

Der Wind wurde immer heftiger und entwickelte sich zum Sturm. Die Jünger kämpften mit Wind und Wellen und hatten große Mühe, das Boot vor dem Kentern zu bewahren.

Ganz früh um vier Uhr, als es Morgen werden wollte, kam Jesus auf dem Wasser zu ihnen. Er ging über die Wellen und mitten durch den Sturm.

Als die Jünger ihn sahen, erkannten sie ihn nicht. Sie dachten, es wäre ein Gespenst, ein Geist, und schrien vor Angst und Entsetzen.

Aber Jesus sprach sie sofort an und sagte: „Seid getrost! Ich bin es. Habt keine Angst!"

Da rief Simon Petrus: „Herr, wenn *du* es bist, dann lass mich über das Wasser zu dir kommen!"

„Komm her!", antwortete Jesus.

Dieses Wort gab Petrus Kraft und Mut. Er stand auf und stieg aus dem Boot. Fest sah er Jesus an und ging auf ihn zu – über das Wasser. Sein Vertrauen trug ihn.

Aber plötzlich kam eine hohe Welle. Er erschrak und bekam Angst. Er sah nicht mehr auf Jesus. Er sah nur noch die große Welle und die Gefahr. Da begann Petrus zu sinken.

„Herr, hilf mir!", schrie er. „Ich versinke!"

Jesus streckte seine Hand aus, ergriff ihn und hielt ihn fest. Petrus ging nicht unter. Jesus hielt ihn und rettete ihn.

„Ist dein Vertrauen noch so schwach?", fragte Jesus. „Es muss noch wachsen, damit es stark wird!"

Dann stiegen beide ins Boot. Im selben Augenblick legte sich der Sturm und die Wellen beruhigten sich. Da fielen die Jünger im Boot vor Jesus nieder und sagten: „Herr, du bist wirklich der Sohn Gottes!"

Matthäus 14, 22–33

Jesus hilft und predigt

Aus der Bergpredigt: Die Seligpreisungen

Oft sprach Jesus über Gott. Unter vier Augen mit einem anderen. In einem Gespräch, an dem viele teilnahmen. In einer Auseinandersetzung mit den Schriftgelehrten. Aber auch im Kreis seiner Jünger. Jesus predigte in Häusern, in der Synagoge und im Tempel, in Dörfern und Städten, aber meistens draußen im Freien.

Einmal war wieder eine große Menschenmenge zusammengekommen, um ihn zu hören.

Jesus sah die vielen Leute. Er ging auf einen Berg. Dort setzte er sich, um zu predigen und zu lehren. Seine Jünger traten zu ihm.

Die Leute wurden still und hörten zu. Und Jesus verkündete ihnen, was Gott den Menschen schenkt und was er von ihnen erwartet.

Er begann mit einer großen Zusage, mit den acht Seligpreisungen:

„Selig sind, die arm sind vor Gott!

Sie dürfen sich freuen.

Gott liebt sie und öffnet ihnen die Tür zu seinem Reich.

Selig sind, die leiden und trauern!

Sie dürfen sich freuen.

Gott hilft ihnen und tröstet sie.

Selig sind, die auf Gewalt verzichten!

Sie dürfen sich freuen.

Gott vertraut ihnen die ganze Erde an.

Selig sind, die sich nach Gerechtigkeit sehnen!

Sie dürfen sich freuen.

Gott wird ihre Sehnsucht stillen.

Selig sind, die barmherzig sind!

Sie dürfen sich freuen.

Gott wird auch mit ihnen barmherzig sein.

Selig sind, die ein reines Herz haben!

Sie dürfen sich freuen.

Sie werden Gott sehen.

Selig sind, die Frieden machen, wo Streit ist!

Sie dürfen sich freuen.

Gott wird sie seine Kinder nennen.

Selig sind, die verfolgt werden, weil sie Gottes Willen tun!

Sie dürfen sich freuen.

Gott öffnet ihnen die Tür zu seinem Reich."

Gebannt lauschten die Menschen. So wunderbare Worte hatten sie noch nie gehört. Sie sahen Jesus auf dem Berg sitzen, wie er predigte und lehrte.

Und sie dachten: „So ähnlich muss es damals gewesen sein, als Mose vom Berg Gottes kam und unseren Vorfahren Gottes Wort und seine Gebote verkündete!"

Andere sagten zueinander: „Jesus spricht wirklich in der Vollmacht Gottes. Ganz anders als unsere Schriftgelehrten!"

Dann hörten sie, wie Jesus sich besonders an seine Jünger wandte und ihnen sagte: „Habt keine Angst, wenn euch die Menschen verachten und verfolgen, weil ihr meine Jünger seid! Die Propheten vor euch hat man auch schon so behandelt. Auch wenn sie euch beschimpfen und bedrohen und euch Schlechtes nachsagen: Freut euch! Seid glücklich! Gott wird euch reich belohnen. Er denkt an euch und wird euch nicht verlassen."

Matthäus 5, 1–12

Von der besseren Gerechtigkeit

So predigte Jesus weiter auf dem Berg: „Denkt nicht, ich sei gekommen, um das Gesetz Moses und die Worte der Propheten aufzuheben! Ich will das Gesetz nicht abschaffen. Im Gegenteil: Ich will es voll zur Geltung bringen und erfüllen. Ich will euch das Gesetz besser erklären und euch zeigen, worauf es eigentlich ankommt. Und ich sage euch: Ihr habt keinen Zugang zu Gottes neuer Welt, wenn ihr seinen Willen nicht besser erfüllt als die Schriftgelehrten und Pharisäer!

Ihr wisst, dass es im Gesetz heißt: ‚Du sollst nicht töten! Wer aber tötet, kommt vor Gericht und wird bestraft.' Ich aber sage euch: Schon ein böser Gedanke, ein zorniges Wort kann töten. Schon wer seinem Bruder zürnt, macht sich schuldig und gehört vor Gericht. Und wer zu seinem Bruder sagt: ‚Du Idiot!', verdient das oberste Gericht. Wer aber zu seinem Bruder sagt: ‚Du Verdammter! Geh zum Teufel!', der hat ihn schon getötet und verdient das höllische Feuer.

Ihr wisst auch, dass das Gesetz heißt: ‚Du sollst keine Ehe zerstören!' Ich aber sage euch: Schon wer eine andere Frau oder einen anderen Mann ansieht und haben will, hat im Herzen die Ehe zerstört! Aus dem Innern des Menschen kommen seine Gedanken, Worte und Taten: Diebstahl, Mord, Ehebruch, Habsucht, Neid, Überheblichkeit und Leichtsinn. Und das ist es auch, was den Menschen von Gott trennt.

Weiter wisst ihr, dass es im Gebot heißt: ‚Auge um Auge, Zahn um Zahn.' Und so denken die Leute ja auch: ‚Wer mir einen Zahn ausschlägt, dem schlage ich auch einen Zahn aus. Und wer mir ein Auge ausreißt, dem reiße ich auch ein Auge aus.' Ich aber sage euch: Unterbrecht diesen Teufelskreis! Das Gesetz der Vergeltung ruft immer wieder nur neues Böses hervor. Schlagt nicht zurück, wenn ihr geschlagen werdet! Wehrt euch nicht mit Bösem, sondern mit Gutem! Dann beschämt ihr die Menschen und macht der Vergeltung ein Ende.

Es heißt auch bei euch: ‚Liebe deine Freunde und hasse deine Feinde!' Ich aber sage euch: Versucht auch euren Feinden Gutes zu tun! Betet für alle, die euch hassen und verfolgen! Dann erst seid ihr Gottes Kinder. Dann erst handelt ihr wie er. Denn euer Vater im Himmel lässt seine Sonne scheinen für die Bösen wie für die Guten. Und er lässt es regnen für Fromme und Gottlose. Das ist die bessere Gerechtigkeit."

Matthäus 5, 17. 20–22. 38–39. 43–45; Markus 7, 20–23

Vom richtigen Beten

Auch über das Beten lehrte Jesus seine Jünger und das Volk.
Er saß auf dem Berg und sagte:
„Stellt eure Frömmigkeit nicht vor den Menschen zur Schau! Macht es nicht wie die Scheinheiligen, die mit ihrem Beten vor den Menschen angeben! Sie benutzen es dazu, sich in den Gottesdiensten und auf der Straße hervorzutun und sich von den Menschen bewundern zu lassen.

Wenn du beten willst, geh in dein Zimmer, schließ die Tür hinter dir und sprich mit deinem Vater in der Stille. Dein Vater sieht in das Verborgene. Er sieht und hört auch dich und wird dich belohnen.

Wenn ihr betet, dann leiert eure Gebete nicht endlos herunter. Redet schlicht und einfach mit Gott, so wie es euch ums Herz ist! Ihr braucht keine großen Worte zu machen. Euer Vater weiß, was ihr braucht, noch ehe ihr ihn darum bittet.

Ich gebe euch ein Gebet. Es ist kurz und enthält doch alles, was wichtig ist.

Vater unser im Himmel,
geheiligt werde dein Name.
Dein Reich komme.
Dein Wille geschehe,
wie im Himmel, so auf Erden.
Unser tägliches Brot gib uns heute.
Und vergib uns unsere Schuld,
wie auch wir vergeben unsern Schuldigern.
Und führe uns nicht in Versuchung,
sondern erlöse uns von dem Bösen.
Denn dein ist das Reich
und die Kraft und die Herrlichkeit
in Ewigkeit. Amen."

Matthäus 6, 5–13

Der feste Grund

Am Schluss seiner Bergpredigt erzählte Jesus ein Gleichnis. Die Geschichte von zwei Häusern, einem Haus auf festem Grund und einem Haus auf sandigem Boden.

Er sagte: „Hört meine Worte und richtet euch danach! Dann seid ihr wie ein kluger Mann, der sein Haus an einer felsigen Stelle baute. Er handelte überlegt und sorgte vor.

Eines Tages ging ein Wolkenbruch nieder und die Flüsse traten über die Ufer. Eine große Flut überschwemmte das Land. Der Sturm tobte und rüttelte an dem Haus. Aber es stand fest und stürzte nicht ein, weil es auf Fels gebaut war. Wer aber meine Worte nur hört und nicht nach ihnen lebt, der ist wie ein Dummkopf, der sein Haus auf sandigem Grund und Boden baute. Er handelte unüberlegt und sorgte nicht vor.

Als nun ein Wolkenbruch kam, eine Flut das Land überschwemmte und der Sturm um das Haus tobte, da riss es ein und stürzte zusammen. Denn es hatte auf dem sandigen Untergrund keinen festen Halt. Und der Schaden war unermesslich groß.

Darum seid klug und lebt nach meinen Worten!"

Damit beendete Jesus seine Rede.

Alle Zuhörer waren von seinen Worten tief beeindruckt. Gott selbst hatte durch Jesus zu ihnen gesprochen.

Matthäus 7, 24–29

Der Sämann und das vierfache Ackerfeld

Einmal kam wieder eine große Menschenmenge zusammen. Aus vielen Städten und Dörfern strömten die Leute herbei, um Jesus zu sehen und zu hören.

Da erzählte Jesus ihnen eine Geschichte:

„Ein Bauer ging auf sein Feld. Er wollte säen. Mit der Hand streute er die Getreidesaat aus. Dabei fielen einige Körner auf den Feldweg. Sie wurden zertreten und von den Vögeln aufgepickt.

Andere Körner fielen auf steinigen Boden. Da gab es nur wenig Erde. Die Saatkörner keimten und die Halme wuchsen. Als aber die heiße Sonne kam, vertrockneten sie und gingen ein. Denn der Boden war nicht tief und feucht genug.

Wieder andere Getreidekörner fielen bei der Aussaat auf die Dornen, die verborgen im Boden steckten. Das Korn und die Dornen wuchsen zusammen auf. Aber das Dornengestrüpp überwucherte das Getreide und erstickte es.

Die übrigen Körner aber fielen auf guten Boden. Die Saat ging auf, wuchs und reifte heran und trug hundertfache Frucht in den Ähren. Der Bauer brachte eine reiche Ernte ein."

Und Jesus beendete die Geschichte und sagte: „Hört gut zu und versteht, was ich damit sagen will!"

Später, als sie allein waren, fragten ihn die Jünger: „Warum hast du uns die Geschichte vom Sämann erzählt? Was wolltest du damit sagen? Bitte, erkläre es uns!"

„Die Geschichte ist ein Gleichnis", antwortete Jesus. „Sie erzählt etwas vom Geheimnis des Reiches Gottes. Viele andere begreifen es nicht. Aber ihr sollt etwas davon erfahren."

Dann erklärte er seinen Jüngern die Geschichte:

„Das Saatkorn ist das Wort Gottes. Es fällt bei den Menschen auf ganz verschiedenen Boden.

Bei manchen, die das Wort Gottes hören, geht es zu wie bei dem Samen, der auf den Feldweg fällt. Sie achten es nicht und treten es mit Füßen. Dann kommt der Feind Gottes und nimmt alles weg, was Gott ausgesät hat. Wie die Vögel die Saat vom Weg aufpicken, so nimmt der Teufel Gottes Wort weg.

Andere Menschen nehmen das Wort Gottes gern und bereitwillig an. Aber bei ihnen bleibt es an der Oberfläche. Sie sind Menschen ohne Wurzel. Zuerst sind sie begeistert. Aber sobald sie in Schwierigkeiten kommen, werden sie Gott untreu und vergessen sein Wort. Erst geht die Saat bei diesen Menschen auf, aber dann verkümmert sie. Mit ihnen ist es wie mit dem Samen, der zu wenig Erde und Wasser hat.

Wieder andere Menschen hören Gottes Wort, aber später werden ihnen andere Dinge wichtiger und größer: Reichtum, Macht und Ansehen. Ihr Glaube erstickt in den Sorgen und Freuden des Alltags. Es ist mit ihnen wie mit dem Dorngestrüpp, das die Saat erdrückt.

So ist es mit dem Wort Gottes und den Menschen. Viele nehmen es nicht an oder lassen es in ihrem Leben keine Wurzel schlagen. Das müsst ihr wissen. Ich sage es euch hiermit, damit ihr euch erinnert, wenn ihr es erfahrt.

Aber ihr braucht darüber nicht mutlos zu werden. Denn es gibt neben dem Unglauben in dieser Welt auch das Wunder des Glaubens. Und dafür möchte ich euch die Augen öffnen. Bei anderen Menschen nämlich ist es wie mit dem Samen, der auf guten Boden fällt. Sie nehmen Gottes Wort mit Freude an und halten sich beständig daran. In ihrem Leben bringt Gottes Wort hundertfach Frucht. Gott freut sich und kann reiche Ernte einbringen."

Lukas 8, 4–15

Die Geschichte vom Senfkorn

Wenn Jesus von Gott und von seinem Reich sprach, dann erzählte er gern Geschichten aus dem menschlichen Leben und aus der Schöpfung. Es waren Bildpredigten und Gleichnisse. Sie machten den Zuhörern deutlich, wie Gott unter ihnen seine Herrschaft errichtet und sein Reich baut.

An ganz alltäglichen Beispielen zeigte Jesus, wie Gott es mit den Menschen meint und wie er mit ihnen umgeht. Er war ein Meister im Beobachten und Erzählen.

Das Besondere aber war: Jesus gab in seinen Gleichnissen viele eigene Erfahrungen wieder. Er selbst lebte das vor, was er in seinen Gleichnissen von Gott erzählte.

So merkten die Menschen: Jesus gehört ganz zu Gott, im Wort und in der Tat.

Einmal erzählte er die Geschichte vom Senfkorn.

Er sagte: „Mit dem Reich Gottes ist es wie mit einem Senfkorn. Es ist das kleinste von allen Samenkörnern. Man sieht es kaum, wenn es in die Erde gelegt wird. Erst keimt es nur spärlich. Aber dann wächst und wächst es und wird größer als alle anderen Pflanzen im Garten. Ja, es wird zu einem Baum, in dem die Vögel ihr Nest bauen.“

Damit machte Jesus seinen Jüngern Mut.

„Seht“, sagte er, „so ist das mit Gottes Herrschaft. Erst ist ganz wenig da. Man kann es kaum sehen. Aber nachher wird es so viel, dass man nur staunen kann. Gott fängt mit uns Menschen oft ganz klein an. Aber vertraut darauf: Seine Kraft kann ganz groß werden!“

Matthäus 13, 31–32

Der barmherzige Samariter

Ein Schriftgelehrter kam zu Jesus. Er kannte die heiligen Schriften mit ihren Geboten und Gesetzen gut und wollte Jesus auf die Probe stellen. Er forderte ihn zu einem Gespräch heraus.

Viele andere Leute standen dabei und hörten zu.

Der Schriftgelehrte fragte Jesus: „Meister, was muss ich tun, damit Gott an mir Freude hat und mir das ewige Leben schenkt?“

„Das weißt du doch“, erwiderte Jesus. „Was steht denn im Gesetz der heiligen Schriften?“

Der Mann sagte: „Du sollst Gott, deinen Herrn, von ganzem Herzen und mit aller deiner Kraft lieben! Und: Du sollst deinen Mitmenschen so lieben wie dich selbst!“

„Du hast richtig geantwortet“, sagte Jesus. „Wenn du dich daran hältst, wird Gott Freude an dir haben und dir das ewige Leben schenken.“

Aber der Schriftgelehrte gab sich damit nicht zufrieden. Vielleicht wollte er vor den Zuhörern nur Eindruck machen. Vielleicht aber war es ihm plötzlich selber sehr ernst damit.

Er sagte zu Jesus: „Damit fängt meine Frage eigentlich erst an! Wer ist denn mein Mitmensch? Wie ist das gemeint? Meine Verwandten und Freunde, meine Nachbarn und Bekannten – ja, das sind meine Mitmenschen. Und auch die, die zu meinem Volk gehören. Aber irgendwo ist doch eine Grenze! Ich kann doch nicht alle lieben. Wie ist es mit meinen Feinden? Mit denen, die es schlecht mit mir meinen?"

Jesus nahm es mit dem Schriftgelehrten auf. Er antwortete ihm mit einer Geschichte:

„Ein Mann aus Israel ging von Jerusalem nach Jericho. Im Gebirge überfielen ihn Räuber. Sie schlugen ihn zusammen, nahmen ihm alles weg und ließen ihn halb tot liegen. Dann machten sie sich davon.

Nach einiger Zeit kam ein Priester denselben Weg. Er sah den ausgeraubten Mann am Straßenrand liegen. Aber er ging trotzdem schnell

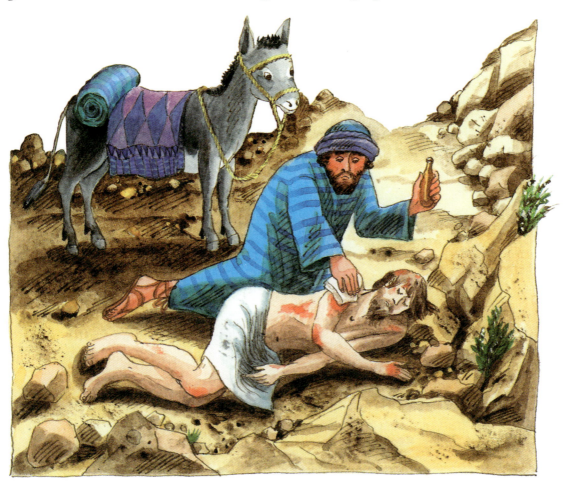

weiter. Ebenso machte es ein Tempeldiener, der kurze Zeit später an der Stelle vorüberkam. Er sah den Verletzten liegen und ging vorbei. Er wollte die unheimliche Gegend schnell verlassen.

Schließlich kam ein Samariter, ein Mann aus Samarien. Du weißt, dass die Israeliten und Samariten sich oft wie Feinde behandeln. Als aber der Samariter den israelitischen Mann am Straßenrand liegen sah, vergaß er alles Trennende. Er bekam großes Mitleid mit dem Überfallenen. Er erkannte in ihm den Mitmenschen, der jetzt seine Hilfe brauchte.

Er ging zu ihm hin und behandelte seine Wunden mit Öl und Wein. Dann verband er sie. Der Samariter legte den Verwundeten vorsichtig auf sein Reittier. So brachte er ihn in das nächste Gasthaus. Dort konnte man sich um ihn noch besser kümmern.

Am nächsten Tag bezahlte der Samariter für sich und den Fremden. Er gab dem Wirt noch Geld dazu und sagte: ‚Pflege den Mann gesund! Wenn du mehr Geld brauchst, will ich es dir geben, wenn ich wiederkomme.'"

„Was meinst du?", fragte Jesus den Schriftgelehrten. „Wer von den drei Männern hat Gottes Gebot erfüllt und ist dem Überfallenen als Mitmensch begegnet: der Priester, der Tempeldiener oder der Samariter?"

„Natürlich der, der ihm geholfen hat", antwortete der Schriftgelehrte.

Da sagte Jesus: „Geh hin und mach es ebenso! Dein Mitmensch ist immer der, der dich gerade braucht. Der, der darauf wartet, dass du ihm als Mitmensch begegnest und hilfst. Wer es ist, das kannst du nicht immer im Voraus wissen. Aber wenn du ein Herz hast, das glaubt und liebt, wirst du es zur rechten Zeit spüren."

Lukas 10, 25–37

Der Vater und seine beiden Söhne

Immer wieder kamen Zollbeamte und andere Leute mit schlechtem Ruf zu Jesus, um ihn zu hören. Die Pharisäer und Schriftgelehrten konnten es nicht verstehen, dass Jesus sich mit diesen Menschen einließ.

Sie ärgerten sich darüber und sagten: „Mit solchem Gesindel gibt er sich ab! Er isst und trinkt sogar mit ihnen!"

Da erzählte ihnen Jesus diese Geschichte: „Ein Mann hatte zwei Söhne. Eines Tages sagte der jüngere Sohn zu ihm: ‚Vater, ich möchte schon jetzt mein Erbteil haben, das mir zusteht! Ich will fortgehen und mein eigenes Leben führen.'

Der Vater wurde traurig. Aber er hatte Verständnis für seinen Sohn. Er achtete seinen Wunsch und ließ ihm die Freiheit, von zu Hause wegzugehen. So teilte der Vater seinen Besitz unter seinen beiden Söhne auf.

Bald danach verkaufte der jüngere Sohn seinen ganzen Anteil, nahm das Geld und zog in die Fremde. Dort lebte er in Saus und Braus. Er genoss das Leben in vollen Zügen. Er leistete sich alles, bis sein ganzes Geld verschleudert war.

Da ging es dem jungen Mann schlecht. Ausgerechnet jetzt brach eine Hungersnot im Land aus. Was sollte er nur machen? Schließlich nahm er eine Arbeit als Schweinehirt an. So tief war er gesunken.

Er war so hungrig, dass er gern die Futterschoten der Schweine gegessen hätte. Aber niemand gab sie ihm.

Da begann der junge Mann nachzudenken. Er sagte sich: ‚Mein Vater beschäftigt bei sich viele Arbeiter. Jeder von ihnen hat mehr als genug zu essen. Und ich muss hier vor Hunger umkommen! Ich will zu meinem Vater zurückgehen und ihm sagen: Vater, ich habe alles verkehrt gemacht!

Ich bin schuldig geworden an Gott und an dir. Ich bin nicht mehr wert, dein Sohn zu sein. Stell mich bei dir als einen deiner Arbeiter ein!'

So machte er sich auf den Heimweg zu seinem Vater. Der Vater sah ihn schon von Weitem kommen. Er wartete nicht. Er lief seinem Sohn voller Mitleid entgegen, fiel ihm um den Hals und küsste ihn.

,Vater', sagte der Sohn, ,ich habe alles verkehrt gemacht. Ich bin schuldig geworden an Gott und an dir. Ich verdiene es nicht mehr, dein Sohn zu sein!'

Aber der Vater rief seine Diener und sagte zu ihnen: ,Rasch, holt den besten Anzug für meinen Sohn und bringt ihm neue Schuhe! Steckt ihm auch wieder einen Ring an seinen Finger! Und dann schlachtet das Kalb, das wir gemästet haben! Wir wollen ein Fest feiern und fröhlich sein!'

Der Vater jubelte: ,Mein Sohn war tot, aber jetzt lebt er wieder! Er war verloren, aber nun hat er nach Hause zurückgefunden!' Und sie begannen ein fröhliches Fest zu feiern.

Inzwischen kam der ältere Sohn nach Hause. Er hatte noch auf dem Feld gearbeitet. Nun hörte er schon von Weitem das Singen und Tanzen. Er rief einen Arbeiter herbei und fragte ihn: ,Was wird denn hier gefeiert?'

,Dein Bruder ist wieder da', antwortete er. ,Dein Vater hat vor lauter Freude das Mastkalb schlachten lassen, weil er ihn gesund wiederhat. Und jetzt feiern sie ein fröhliches Fest.'

Da wurde der ältere Bruder wütend und wollte nicht ins Haus gehen.

Der Vater vermisste ihn und kam nach draußen. Er redete ihm gut zu und sagte: ,Komm mit ins Haus und freu dich mit! Das Fest ist doch für uns alle.'

Aber der ältere Sohn machte ihm bittere Vorwürfe. Er sagte: ,All die Jahre habe ich für dich gearbeitet und geschuftet. Ich bin bei dir geblieben und habe alles getan, was du von mir verlangt hast. Aber du hast nie auch nur einen Bock für mich spendiert, dass ich mit meinen Freunden einmal hätte richtig feiern können. Und jetzt kommt der da, dieser Taugenichts, der sich von uns getrennt und dein ganzes Geld verprasst hat und auf die schiefe Bahn gekommen ist – und da wird das Mastkalb geschlachtet und ein großes Fest gefeiert! Vater, ich verstehe dich nicht!'

,Mein Junge', sagte der Vater und legte den Arm um ihn, ,du bist immer bei mir gewesen und alles, was mir gehört, das gehört doch dir. Aber dein

134

Bruder war tot und ist wieder am Leben! Er war in der Fremde verloren gegangen und ist wieder da! Wir können doch gar nicht anders als uns freuen und ein Fest feiern. Komm herein und freu dich mit!'"

Lukas 15, 1–3. 11–32

Der Pharisäer und der Zollbeamte

Viele Menschen lernte Jesus bei seiner Wanderung durch das Land kennen: junge und alte, kranke und gesunde, arme und reiche, fröhliche und traurige.

Immer wieder begegneten ihm aber auch Menschen, die sich selbst für fromm und gut hielten.

Sie dachten: „Bei uns ist alles in Ordnung. Wir halten das Gesetz. An uns kann Gott nur Freude haben." Sie sahen auf die anderen herab und verachteten sie. Sie waren selbstgerecht und hochmütig. Diesen Menschen erzählte Jesus einmal eine Geschichte, die sie zum Nachdenken und zur Umkehr bringen sollte:

„Zwei Männer gingen in den Tempel in Jerusalem, um zu beten. Der eine war ein Pharisäer und der andere ein Zollbeamter.

Der Pharisäer stellte sich selbstbewusst ganz nach vorn in den Tempel. Hier war er zu Hause. Er blickte zufrieden zu Gott auf und sprach ein langes Gebet.

Er betete: ‚Gott, ich danke dir. Ich bin nicht so wie die anderen Leute. Ich bin nicht so habgierig, unehrlich und verdorben wie sie. Ich übertrete kein Gebot. Erst recht bin ich nicht so ein übler Betrüger wie dieser Zollbeamter dahinten.

Gott, ich danke dir. Ich nehme dich ernst. Ich tue etwas für dich. Zweimal in der Woche esse ich nichts und trinke nichts bis zum Abend. Ich faste freiwillig viel öfter, als ich brauchte! Du weißt, Herr, dass ich dir regelmäßig den zehnten Teil von allem gebe, was ich habe und verdiene. Ich gebe es dir als Geld für den Tempel. Und ich gebe es dir gern.

Gott, ich danke dir, dass ich so bin, wie ich bin!'

So stand er da, der Pharisäer, und so betete er.

Der andere aber, der Zollbeamte, hatte sich nur bis zum Eingang des Tempels gewagt. Verlegen stand er da.

Er traute sich nicht, den Blick zum Himmel zu erheben. Er schlug sich an die Brust, zum Zeichen, dass er sich seiner Schuld bewusst war, und stammelte nur: ‚Gott, hab Erbarmen mit mir! Ich bin ein sündiger Mensch.'"

Jesus beendete seine Geschichte und sagte zu den Zuhörern: „Ihr könnt sicher sein: An diesem Menschen hat Gott mehr Freude als an dem anderen. Ich sage euch: Als der Zollbeamte nach Hause ging, hatte Gott ihm schon vergeben und ihn angenommen. Aber an dem Pharisäer fand er keinen Gefallen. Wer sich selbst für fehlerfrei hält, dem hält Gott seine Schuld vor. Wer aber seine Schuld erkennt und bereut, dem vergibt und hilft Gott. Er erniedrigt den Hochmütigen und erhöht den Demütigen."

Lukas 18, 9–14

Martha und Maria

Auf dem Weg nach Jerusalem kamen Jesus und seine Jünger in das Dorf Bethanien. Dort wohnte eine Frau, die Martha hieß. Sie kannte und verehrte Jesus und gehörte zu seinem Freundeskreis.

Als Jesus in Bethanien eintraf, ließ sie es sich nicht nehmen, ihn und seine Jünger zu sich in ihr Haus einzuladen. Sie freute sich über den Besuch und wollte es Jesus so schön wie möglich machen.

Sofort begann sie, für das leibliche Wohl ihrer Gäste zu sorgen. Sie sollten ihren Hunger stillen und ihren Durst ordentlich löschen. Martha arbeitete in der Küche und bereitete ein köstliches Mahl. Das Beste, was sie hatte, suchte sie aus.

Dann brachte sie das Essen auf den Tisch. Die Becher und Schüsseln klapperten. Fleißig lief sie hin und her. Sie hatte alle Hände voll zu tun.

Nun hatte Martha eine jüngere Schwester. Sie hieß Maria und wohnte mit in Marthas Haus. Als Jesus hereinkam und am Tisch Platz nahm, setzte sie sich still zu seinen Füßen. Mit großen Augen sah sie ihn an und hörte ihm zu.

Jesus sprach von Gott. Er erklärte ihr Gottes Liebe und legte ihr die heiligen Schriften aus.

Eigentlich hatten nur Männer das Vorrecht, zu Füßen eines Lehrers zu sitzen und sich das Wort Gottes erklären zu lassen. Hier bei Jesus war es eine Frau, die diesen Platz einnahm. Immer wieder zeigte Jesus, dass er keinen Unterschied zwischen Mann und Frau machte. Er liebte es, im Namen Gottes für die Freiheit und Würde der Frau einzutreten. Er freute sich, dass unter seinen Freunden viele Frauen waren. Er freute sich auch, dass jetzt Maria bei ihm saß und ihm zuhörte.

Maria war jedes Wort wichtig, das Jesus sprach. Diese Stunde seiner Gegenwart musste sie unbedingt nutzen. Es gab nichts Schöneres und Größeres, als sich von Jesus das Wort Gottes sagen zu lassen.

Martha aber war noch immer damit beschäftigt, ihre Gäste zu bewirten. Als sie zu ihrer Schwester hinüberschaute und sah, wie sie untätig zu Jesu Füßen saß, wurde sie ärgerlich.

Sie dachte: „Ich arbeite und arbeite, um Jesus und seinen Jüngern Essen und Trinken auf den Tisch zu bringen, und sie macht es sich bequem, hört Jesus zu und rührt keinen Finger!"

Schließlich beklagte sich Martha bei Jesus: „Herr, siehst du nicht, dass meine Schwester mir überhaupt nicht hilft? Ich habe alle Hände voll zu tun! Sie überlässt mir die ganze Arbeit! Kannst du ihr nicht sagen, dass sie mir helfen soll?"

Da antwortete ihr Jesus: „Martha, ich weiß, du machst dir viel Arbeit und Mühe, um uns zu bewirten. Du meinst es gut und ich danke dir für deine Liebe. Aber sieh, wir brauchen doch kein so üppiges Mahl! Mit Wenigem ist uns gedient. Und außerdem: Gibt es jetzt nicht wichtigere Dinge zu tun, als hin und her zu laufen? Eigentlich ist jetzt nur eins wichtig: die Stunde unseres Zusammenseins zu nutzen und Gottes Wort zu hören. Das hat deine Schwester Maria begriffen! Sie macht es schon richtig. Und davon will ich sie nicht abbringen."

So nahm Jesus Maria gegen die Vorwürfe ihrer Schwester Martha in Schutz.

Lukas 10, 38–42; Johannes 11, 1

Streit mit Jesus

Das Sabbatgebot

An einem Sabbat wanderte Jesus mit seinen Jüngern durch die Felder. Im Vorbeigehen rissen die Jünger Ähren ab und aßen die Körner. Sie hatten Hunger.

Als die Pharisäer das sahen, stellten sie Jesus zur Rede: „Sieh dir das an! Es ist doch nicht erlaubt, am Sabbat Getreide zu ernten! Auch das Ausraufen der Ähren ist Arbeit! Warum halten sich deine Jünger nicht daran?"

Aber Jesus antwortete ihnen: „Habt ihr denn nie gelesen, was David und seine Männer taten, als sie hungrig waren und nichts zu essen hatten? Sie gingen in das Haus Gottes und aßen von den heiligen Broten, die doch eigentlich niemand essen darf als die Priester. Trotzdem nahm David davon und gab auch seinen Männern zu essen. Ihr seht daran: Gesetze und Ordnungen dürfen wir in aller Freiheit behandeln. Wichtiger als sie ist der Mensch. Auch der Sabbat ist dazu da, dem Menschen zu dienen, und nicht umgekehrt! Gott will nicht, dass der Mensch ein Sklave des Sabbats ist. Darum habe ich als sein Beauftragter auch das Recht zu entscheiden, was am Sabbat erlaubt ist und was nicht."

Die Pharisäer ärgerten sich. Sie konnten Jesus nichts erwidern.

Aber heimlich dachten sie: „Das werden wir ihm heimzahlen!"

Am nächsten Sabbat ging Jesus in die Synagoge. Dort traf er einen Mann, der eine gelähmte Hand hatte. Einige der Anwesenden waren Gegner von Jesus. Sie beobachteten den Mann genau und hätten ihn gar zu gern angezeigt.

Sie dachten: „Ob er es wagen wird, den Mann mit der kranken Hand am Sabbat zu heilen?"

Heimlich hofften sie es.

Mit erwartungsvollen Augen sah der Mann Jesus an. Er hockte ganz still auf dem Fußboden der Synagoge. Würde Jesus ihm helfen?

„Komm her zu mir!", sagte Jesus.

Der Mann stand auf und kam.

Jesus sah die Anwesenden an und fragte sie: „Darf man am Sabbat Gutes tun oder nicht? Darf man an Gottes heiligem Tag einem Menschen helfen oder muss man an seiner Not vorbeisehen?"

Niemand wagte, darauf zu antworten.

Da wurde Jesus zornig und sah sie der Reihe nach an. Er war entsetzt, wie hartherzig und gesetzlich sie dachten.

Dann sagte er zu dem Mann: „Beweg deine Hand und streck sie aus!"

Der Mann gehorchte und im selben Augenblick war seine Hand gesund.

Erregt verließen die Pharisäer die Synagoge. Sie trafen sich mit ihren Freunden, den Anhängern des Königs Herodes.

Sie beschlossen: „So geht es nicht weiter! Jesus muss sterben! Wir müssen ihn aus dem Weg räumen."

Markus 2, 23–28; 3, 1–6

Jesus und das Geld

Als Jesus einmal wieder im Tempel war, setzte er sich in die Nähe eines Opferkastens. Dort sah er zu, wie die Leute ihr Geld einwarfen. Es wurde zur Ehre Gottes gegeben und kam dem Tempel und den Armen zugute. Viele Wohlhabende und Reiche spendeten hohe Beträge. Sie konnten es sich leisten, großzügig zu sein.

Da kam eine arme Witwe. Sie steckte nur zwei kleine Kupfermünzen in den Kasten.

Jesus rief seine Jünger und sagte zu ihnen: „Diese Witwe hat mehr gegeben als alle anderen. Denn die Reichen haben nur etwas von ihrem Überfluss abgegeben. Sie brauchen wegen ihrer Gabe auf nichts zu verzichten. Aber diese arme Witwe hat wirklich ein Opfer gebracht. Sie hat alles gegeben, was sie hatte."

Eines Tages versuchten die Pharisäer und einige Freunde des Königs Herodes, Jesus mit einer Geldfrage in eine Falle zu locken.

Zuerst kamen sie mit freundlichen Worten auf Jesus zu: „Meister, wir wissen, dass es dir immer nur um die Wahrheit geht. Du sagst uns klar und deutlich, wie wir nach Gottes Willen leben sollen. Mutig sprichst du die Wahrheit aus und fragst nicht danach, ob sie den Leuten gefällt oder nicht."

Dann stellten sie ihm eine hinterlistige Frage: „Sag uns doch deine Meinung! Ist es eigentlich richtig, dass wir dem römischen Kaiser Steuern zahlen, oder ist es falsch?"

Jesus merkte ihre Absicht. Würde er antworten: Es ist richtig, dann würde er die Juden gegen sich haben und zum Feind seines eigenen Volkes erklärt. Würde er antworten: Es ist falsch, dann könnten ihn die Pharisäer und Getreuen des Königs bei der Regierung anzeigen. Es war eine gefährliche Fangfrage.

„Warum stellt ihr mir diese Falle, ihr Scheinheiligen?", antwortete Jesus. „Gebt mir ein Geldstück!"

Da brachten sie ihm eine römische Münze.

Jesus fragte sie: „Wessen Kopf und Name ist hier eingeprägt?"

Sie antworteten: „Auf der Münze ist der Kopf des Kaisers abgebildet und sein Name steht dabei."

„Dann gebt doch dem Kaiser, was dem Kaiser gehört!", entschied Jesus. „Aber vergesst vor allem nicht, Gott zu geben, was ihm gehört!"

Diese Antwort hatten sie nicht erwartet. Sie wunderten sich sehr und hatten ihm nichts zu erwidern. Verblüfft gingen sie davon.

Markus 12, 41–44; Matthäus 22, 15–22

Das Leiden

Das Christusbekenntnis des Petrus

Jesus kam mit seinen Jüngern in die Gegend der Stadt Cäsarea Philippi, die hoch im Norden lag, wo die Quellen des Jordan entspringen. In dieser einsamen Landschaft hatten Jesus und seine Jünger Zeit und Ruhe, über vieles nachzudenken und zu sprechen.

„Was sagen die Leute eigentlich über mich?", wollte Jesus wissen.

Die Jünger überlegten einen Augenblick. Dann fielen ihnen verschiedene Antworten ein: „Einige denken, du wärst so einer wie Johannes der Täufer." – „Andere vergleichen dich mit Elia, dem beliebten Gottesmann unseres Volkes." – „Wieder andere halten dich für einen Mann wie Jeremia oder für sonst einen der Propheten."

„Und für wen haltet ihr mich?", fragte Jesus.

Mit dieser Frage hatten die Jünger nicht gerechnet. Ratlos und verlegen sahen sie zu Boden.

Da fasste sich Simon, der einfache Fischer, ein Herz und sagte: „Du bist Christus, der versprochene Retter, der Sohn des lebendigen Gottes!"

„Simon, Sohn des Jona", erwiderte Jesus, „du kannst dich freuen und glücklich sein! Denn das ist dir nicht von allein eingefallen. Mein Vater im Himmel hat dir diese Erkenntnis geschenkt!"

Und dann gab Jesus Simon eine große Zusage: „Ich sage dir: Du sollst Petrus heißen, der Fels. Und auf diesen Felsen will ich meine Gemeinde bauen. Keine feindliche Macht der Welt wird sie zerstören, auch nicht der Tod. Dir will ich den Schlüssel zum Reich Gottes geben. Du darfst es aufschließen für viele Menschen. Wenn sie ihre Schuld bekennen und bereuen, darfst du ihnen in meinem Namen ihre Schuld vergeben. So werden sie frei und froh und die Tür zum Reich Gottes öffnet sich ihnen."

Die Jünger merkten, wie Jesus sich über Simon Petrus und sein Bekenntnis freute.

Bald aber wurde Jesus wieder ernst. „Was Simon Petrus von mir gesagt hat, ist ein Geheimnis!", erklärte er. „Verratet es keinem! Noch nicht! Denn erst muss ich von den Priestern und Schriftgelehrten vor Gericht gestellt werden. Sie werden mich töten. Aber am dritten Tag werde ich vom Tod auferstehen. Dann wird Gott mir ein neues Leben schenken."

Die Jünger und vor allem Petrus wollten davon nichts hören. Sie wollten nicht, dass Jesus leiden und sterben sollte.

Simon Petrus nahm Jesus beiseite und redete auf ihn ein: „So etwas soll nie mit dir geschehen! Du sollst leben und unser König sein!"

„Simon Petrus", erwiderte Jesus und sah ihn an, „ich weiß, dass du es gut meinst. Aber damit willst du mich nur von dem Weg abbringen, den Gott mich führt. Und das darfst du nicht! Was Gott will, das müssen wir tun! Auch wenn es gegen unsere eigenen Wünsche geht!"

Matthäus 16, 13–23

Jesus zieht in Jerusalem ein

Jesus rief seine zwölf Jünger zu sich und sagte: „Wir gehen jetzt nach Jerusalem. Dort werde ich gefangen genommen und dem Hohepriester und den Schriftgelehrten ausgeliefert. Sie werden mich zum Tode verurteilen und den Römern übergeben. Ich muss viel leiden und am Kreuz sterben. Aber Gott wird bei mir sein und mir ein neues Leben in der Ewigkeit schenken."

Seine Jünger sollten wissen, was auf sie zukam. Aber sie wollten davon nichts hören. Sie verstanden nicht, was Jesus meinte. Die Jünger hatten ganz andere Pläne und Hoffnungen. In Jerusalem wurde bald das Passahfest gefeiert. Viele Menschen aus dem ganzen Land kamen zusammen. Sie sollten erleben, wie Jesus mit seinen Jüngern in Jerusalem einzog.

„Wenn Jesus nach Jerusalem kommt", dachten die Jünger, „dann soll er dort wie ein König empfangen werden. Alle Menschen sollen sehen, dass unser Herr ein großer Prophet und der Beauftragte Gottes ist."

So freuten sie sich auf die heilige Hauptstadt und vergaßen, was Jesus ihnen von seinem bevorstehenden Leiden und Sterben gesagt hatte.

Kurz vor Jerusalem erreichten Jesus und seine Jünger das Dorf Betfage. Es lag in der Nähe des Ölberges.

Da schickte Jesus zwei seiner Jünger voraus und trug ihnen auf: „Geht in den Ort! Ihr werdet da eine Eselin mit ihrem Fohlen finden. Bindet beide los und bringt sie zu mir! Wenn euch jemand fragt, was ihr damit vorhabt, dann sagt einfach: ‚Der Herr braucht sie.' Dann wird man euch keine Schwierigkeiten machen."

Die beiden Jünger taten, was ihnen Jesus gesagt hatte. Sie brachten die Eselin und ihr Fohlen und legten ihre Mäntel über sie. Dann setzte sich Jesus auf die Eselin und seine Jünger begleiteten ihn.

Sie freuten sich und dachten: „Jetzt geht das Wort des Propheten Sacharja in Erfüllung:

Sagt der Stadt Jerusalem: Dein König kommt zu dir. Er kommt ohne Gewalt und reitet auf einem Esel.

Alle Menschen in der Stadt werden es sehen."

In Jerusalem war viel los. Die Besucher, die zum Passahfest gekommen waren, drängten sich in den Straßen. Sie waren in freudiger Erregung.

Da zog Jesus auf dem Esel in die Stadt ein. Er kam vom Ölberg. Um ihn und seine Jünger sammelten sich sofort viele Leute.

„Soll der Retter und Erlöser, den Gott schickt, nicht vom Ölberg kommen?", riefen sie sich zu.

„Hat nicht der Prophet Sacharja etwas von einem Esel gesagt, wenn der Messias kommt?", erinnerten sich andere.

„Heute ist doch das heilige Passahfest! Der Messias, der Retter Israels wird kommen!", begeisterten sich wieder andere.

Mit einem Mal sahen alle Menschen auf Jesus. Eine große Bewegung ging durch sie. Viele breiteten ihre Kleider aus und legten sie als Teppich auf die Straße. Andere brachen grüne Zweige von den Bäumen und schmückten damit den Weg.

Vor und hinter Jesus drängten sich die Menschen und riefen immer wieder: „Wir grüßen unseren König, den Sohn Davids! Gott hat ihn gesandt. Der Herr segne ihn! Gelobt sei Gott!"

Als Jesus so in Jerusalem einzog, geriet die Stadt in große Aufregung.

„Wer ist dieser Mann?", fragten viele Leute.

Die Menschen, die ihn begleiteten, riefen: „Das ist Jesus von Nazareth, der Prophet aus Galiläa!"

Die Menschen jubelten. Die Jünger waren glücklich. „So einen Empfang hat unser Herr verdient!", sagten sie zueinander. „Er soll leben und unser König sein!"

Aber Jesus saß so arm und so einfach, wie er war, auf seinem Esel. Er war still und ernst und dachte an das, was ihm in Jerusalem bevorstand.

Matthäus 20, 17–19; 21, 1–11

Jesus räumt im Tempel auf

Zuerst ging Jesus in den Tempel. Er hatte sich auf diesen Augenblick gefreut. Hier war er schon als zwölfjähriger Junge gewesen. Hier war Gottes Heiligtum, das er liebte.

Aber was musste er sehen und hören! Was für ein lautes und geschäftiges Gedränge und Gewimmel von Menschen! Hunderte und Tausende von Festgästen im Vorhof. Menschen und Tiere – alles durcheinander.

Händler hatten Tische aufgestellt und verkauften Opfertiere: Tauben und Schafe, sogar Ochsen. Es war ein Lärm und Getöse wie auf einem Jahrmarkt. Die Schafe blökten. Die Tauben gurrten und flatterten in den Käfigen. Die Händler lärmten und feilschten. An den Wechseltischen klimperte Geld. Fremdes Geld wurde gegen Tempelgeld eingetauscht. Alle kauften und verkauften. Alle dachten ans Geld und ans Mitmachen. An Festbräuche und Vorschriften, die von Menschen stammten.

Viele besichtigten den prächtigen Tempel.

Aber wer dachte an Gott? Wer konnte hier Stille finden zum Gebet?

Ein heiliger Zorn ergriff Jesus. Er machte sich aus Stricken eine Peitsche und trieb die Rinder und die Schafe aus dem Tempelbezirk. Dann stieß er die Tische der Geldwechsler um, sodass ihre Geldstücke auf den Boden fielen.

„Tragt die Käfige hier weg!", befahl er den Taubenverkäufern.

Er jagte die Händler und Käufer hinaus und rief: „Gott sagt: Mein Tempel soll ein Haus des Gebetes sein! Ihr aber habt einen Jahrmarkt und eine Räuberhöhle daraus gemacht!"

Da kamen Blinde und Gelähmte in den Tempel zu Jesus. Und er heilte sie. Die Kinder im Tempel liefen zu Jesus und riefen: „Heil dem Sohn Davids, unserem Retter!"

Die Priester und Schriftgelehrten ärgerten sich, dass Jesus die Heilung der Kranken gelang und dass ihn die Kinder lobten. Vor allem aber waren sie darüber empört, wie Jesus mit den Händlern und Käufern im Tempel aufgeräumt hatte. Sie traten auf ihn zu und fragten: „Wer hat dir das Recht gegeben, hier im Tempel so aufzutreten? Wenn du dich auf Gott berufst, musst du uns einen Beweis dafür geben, dass du von ihm die Vollmacht dazu hast!"

„Den Beweis könnt ihr haben", antwortete Jesus. „Zerstört diesen Tempel! In drei Tagen will ich ihn wieder aufbauen!"

„Was?", riefen sie. „Sechsundvierzig Jahre hat es gedauert, bis der Tempel fertig war! Und du willst ihn in drei Tagen wiederaufbauen?"

Aber Jesus meinte mit dem Tempel nicht den Bau aus Steinen, sondern sich selbst. Er wusste, dass sein Leib getötet werden sollte. Als er später von den Toten auferstanden war, am dritten Tag, erinnerten sich seine Jünger an dieses Wort und glaubten an ihn.

Aber die führenden Priester und Mitglieder des Hohen Rates trafen sich im Palast des Hohepriesters zu einer Sitzung. Sie beschlossen, Jesus heimlich zu verhaften und umzubringen.

„Es darf aber auf keinen Fall während des Passahfestes geschehen!", sagten sie. „Sonst kommt es zu großen Unruhen im Volk."

Matthäus 21, 1–15; Johannes 2, 13–22

145

Der Verräter Judas

Judas Iskariot gehörte zum Kreis der Jünger Jesu. Er hatte Jesus lange Zeit begleitet. Er hatte seine Worte gehört und seine Taten gesehen. Er kannte das Leben Jesu aus nächster Nähe.

Judas war von Jesus beeindruckt. Er wusste: Jesus war ein besonderer Mann, der Gott und die Menschen liebte. Von ihm konnte man viel lernen.

Trotzdem zweifelte Judas. Er konnte nicht wie Simon Petrus bekennen: Jesus, du bist Gottes Sohn!

Judas fragte sich oft: „Warum zeigt Jesus nicht deutlicher seine Macht? Warum beweist er den Pharisäern und Schriftgelehrten nicht durch ein Wunder, dass er der Messias, der Retter, ist?"

Manchmal dachte Judas auch: „Vielleicht haben die Priester und Schriftgelehrten doch recht! Vielleicht ist Jesus gar nicht der Messias!"

Judas sagte sich: „Den Messias stelle ich mir anders vor! Er kommt mit Pauken und Trompeten vom Himmel. Die Welt wird erschüttert. Auch die Gottlosen erkennen ihn. Endlich wird das Volk Israel von der römischen Besatzungsmacht befreit. Es wird zur Mitte der Welt. Alles strömt zum Tempel in Jerusalem. Wenn ich damit den einfachen Wanderprediger Jesus vergleiche, schneidet er schlecht ab!"

Und noch etwas passte Judas nicht. Jesus sprach immer deutlicher von seinem Leiden und Sterben. Ein Retter, der leidet und stirbt? Das konnte und wollte er sich nicht vorstellen! So spielte Judas immer mehr mit dem Gedanken, Verbindung mit den Priestern und Schriftgelehrten aufzunehmen.

Eines Tages war es so weit. Heimlich ging er zu den führenden Priestern und bot sich ihnen an: „Ich weiß, dass ihr Jesus gefangen nehmen und vor Gericht stellen wollt. Soll ich euch helfen?"

Die Priester waren erstaunt: Einer aus seinem eigenen Jüngerkreis wollte Jesus hintergehen? Aber dann freuten sie sich und sagten: „Umso besser!"

„Soll ich euch verraten, wo ihr Jesus verhaften könnt? In aller Stille und ohne dass das Volk es merkt?", fragte Judas.

146

Die Priester nickten und sagten: „Auf diese Gelegenheit warten wir schon lange."

„Was wollt ihr mir dafür geben?", erkundigte sich Judas.

„Wir geben dir dreißig Silberstücke!", schlugen sie vor.

Judas war damit einverstanden.

Er sagte: „Ich komme wieder! Vielleicht schon sehr bald. Dann sage ich euch, wo ihr Jesus finden könnt."

Von da an suchte Judas eine günstige Zeit und Stunde, Jesus zu verraten.

Aber vielleicht steckte dahinter noch etwas anderes. Vielleicht wollte Judas Jesus deshalb an die Priester und Schriftgelehrten ausliefern, um ihn dazu herauszufordern, seine ganze Macht zu zeigen und sich endlich doch als der Sohn Gottes zu erkennen zu geben.

Matthäus 26, 14–16

Die Fußwaschung: Jesus dient seinen Jüngern

Nun war es so weit: Das Passahfest begann. In allen Häusern und Familien wurde es gefeiert. Vieles erinnerte an die Nacht, als das Volk Israel aus der Gefangenschaft in Ägypten befreit wurde.

Für den Abend wurde ein Lammbraten zubereitet. Auf dem Tisch lagen flache runde Brote ohne Sauerteig. Genau wie damals, als die Israeliten keine Zeit mehr hatten, richtiges Brot mit Sauerteig zu backen; denn sie mussten jeden Augenblick zum Aufbruch bereit sein. Dazu gab es bittere Kräuter zu essen. Sie erinnerten an die Jahre der Gefangenschaft. Roter Wein wurde herumgereicht und getrunken, ein festliches Getränk im Kelch.

Jeder Familienvater erzählte seinen Kindern die alte Geschichte von Mose, der in der Passahnacht mit Gottes Hilfe das Volk in die Freiheit führte.

Am ersten Tag der Festwoche kamen die Jünger zu Jesus und fragten ihn: „Wo sollen wir für uns das Passahmahl vorbereiten?"

Jesus beauftragte zwei Jünger und sagte zu ihnen: „Geht in die Stadt!

Dort werdet ihr einem Mann begegnen, der einen Krug mit Wasser trägt.
Folgt ihm bis ins Haus und fragt den Hausbesitzer: ‚Der Meister lässt
fragen: Wo ist der Raum, in dem ich mit meinen Jüngern das Passahmahl
feiern kann?' Dann wird er euch ein großes Zimmer im Obergeschoss
zeigen, das mit Polstern ausgestattet und schon für das Festmahl herge-
richtet ist. Dort bereitet alles Weitere für uns vor!"

Die beiden Jünger machten sich auf den Weg und fanden in der Stadt
alles so, wie Jesus es ihnen gesagt hatte. In dem Raum, der ihnen gezeigt
wurde, bereiteten sie alles für das Festmahl vor.

Am Abend kam Jesus mit den anderen Jüngern und setzte sich mit ihnen
an den Tisch.

Jesus wusste, dass nun die Zeit für ihn gekommen war, diese Welt zu
verlassen und zu seinem Vater zu gehen. Er wollte seinen Jüngern bis
zuletzt seine Liebe zeigen.

Sie aßen und tranken miteinander. Da stand Jesus vom Tisch auf, legte
sein Obergewand ab und band sich ein Tuch um.

Schweigend sahen die Jünger zu.

Jesus nahm eine Schüssel, goss sie voll Wasser und trug sie zu den
Jüngern, die am Tisch saßen. Dann bückte er sich zu ihnen hinab und fing
an, ihnen der Reihe nach die Füße zu waschen.

Die Jünger waren entsetzt. Ihr Herr und Meister, den sie verehrten und
liebten, wusch ihnen die Füße! Das war doch ein Sklavendienst! Jesus war
doch nicht ihr Diener, sondern ihr Herr!

Als Jesus zu Simon Petrus kam, um auch ihm die Füße zu waschen,
wehrte er ab und sagte: „Herr, du willst mir die Füße waschen? Ich
müsste diesen Dienst für dich tun!"

Jesus antwortete ihm: „Ich weiß, du verstehst jetzt noch nicht, was ich
tue. Aber später wirst du es begreifen."

Aber Petrus widersetzte sich: „Nie und nimmer sollst du mir die Füße
waschen!"

„Wenn ich dir nicht die Füße wasche, gehörst du nicht zu mir",
antwortete Jesus.

Da sagte Petrus: „Herr, dann wasch mir auch die Hände und das Gesicht
und nicht nur die Füße! Denn ich möchte ganz und gar zu dir gehören!"

„Wer gebadet hat, ist ganz sauber", erwiderte Jesus. „Man braucht ihm nur noch den Straßenstaub von den Füßen zu waschen. Dieses Zeichen genügt! Ihr seid alle rein – bis auf einen."

Jesus wusste nämlich, wer ihn verraten würde.

Darum sagte er: „Ihr seid alle rein – bis auf einen."

Nachdem Jesus allen Jüngern die Füße gewaschen hatte, trug er die Schüssel wieder zurück und zog sein Obergewand an. Er setzte sich an seinen Platz und sah seine Jünger an.

Dann sagte er zu ihnen: „Versteht ihr, was ich eben getan habe? Ihr nennt mich euren Meister und Herrn. Das ist auch richtig, denn ich bin es. Ich, euer Meister und Herr, habe euch eben die Füße gewaschen. Ich war euer Diener und habe euch meine Liebe gezeigt. So sollt ihr es auch tun! Ihr sollt euch von nun an gegenseitig dienen und eure Liebe zeigen. Ihr sollt füreinander da sein. Ich habe euch ein Beispiel gegeben. Vergesst es nicht!"

Markus 14, 12–16; Johannes 13, 1–15

Das Abendmahl

Nach der Fußwaschung wandten sich die Jünger wieder dem Essen zu. Sie aßen schweigend und ahnten, dass dies ein besonderes Zusammensein mit Jesus war.

Während der Mahlzeit sagte Jesus plötzlich: „Einer von euch wird mich verraten und meinen Feinden ausliefern."

Die Jünger erschraken. Entsetzt sahen sie ihn an. Jesus verraten? Ihn ausliefern? Unmöglich! Wer könnte so etwas tun?

„Herr!", riefen sie einer nach dem anderen. „Meinst du mich?"

„Oder bin ich es etwa?"

„Oder ich?"

Ratlos schrien sie durcheinander.

Johannes, der Jünger, den Jesus besonders liebte, saß neben Jesus.

Simon Petrus gab ihm einen Wink: „Frag du ihn, wen er meint!"

Da rückte er nah an Jesus heran und fragte leise: „Herr, wer von uns ist es?"

Jesus antwortete ihm: „Der, dem ich dies Stück Brot gebe."

Und Jesus nahm das Stück Brot und gab es Judas Iskariot.

„Was du tun willst, tu bald!", sagte Jesus zu ihm.

Aber keiner von den anderen verstand, was Jesus zu ihm sagte.

Judas aß das Stück Brot, stand auf und ging hinaus. Draußen war es dunkle Nacht.

Als Judas draußen war, sagte Jesus: „Ich muss leiden und sterben. So will es Gott. So haben es die Propheten schon vorausgesagt. Aber wehe dem, der mich verrät! Es wäre besser für ihn, er wäre nie geboren."

Während sie noch zusammensaßen und aßen, nahm Jesus eins der runden flachen Brote vom Tisch und segnete es. Er dankte Gott dafür.

Dann brach er es in Stücke und reichte sie seinen Jüngern. Dabei sagte er: „Nehmt und esst! Das ist mein Leib. So wie ich das Brot gebrochen habe, so wird mein Leib sterben. Aber so wie jeder von euch von dem Brot isst, so werdet ihr alle etwas Gutes von meinem Tod haben: Vergebung eurer Schuld und ewiges Leben."

Schweigend aßen die Jünger das Brot, das ihnen Jesus gab. Einer nach dem anderen.

Danach nahm Jesus den Kelch mit Wein. Er hob ihn hoch und segnete ihn. Er dankte Gott dafür.

Dann gab er den Kelch seinen Jüngern und sprach: „Nehmt und trinkt! Das ist mein Blut. So wie der rote Wein in den Kelch gegossen ist, so wird mein Blut vergossen werden. Aber so wie jeder von euch aus dem Kelch trinkt, so werdet ihr alle etwas Gutes von meinem Tod haben: Vergebung eurer Schuld und ewiges Leben."

Schweigend tranken die Jünger aus dem Kelch, den ihnen Jesus reichte. Einer nach dem anderen.

Dann sagte Jesus: „Gott schließt mit euch einen neuen Bund. Er hält zu euch für alle Zeiten. Mein Leben und Sterben ist das Zeichen dafür. Ich sage euch: Ich gehe jetzt zu meinem Vater. Und ich werde keinen Wein mehr trinken, bis ich ihn neu trinken werde in Gottes Reich."

Zum Schluss sangen Jesus und seine Jünger Danklieder zum Lob Gottes und gingen hinaus an den Ölberg.

Markus 14, 17–26; Johannes 13, 21–30

Im Garten Gethsemane: Jesus wird festgenommen

Auf dem Weg zum Ölberg sagte Jesus zu seinen Jüngern: „Heute Nacht werdet ihr alle an mir zweifeln und mich verlassen. Denn es heißt in den heiligen Schriften: ‚Ich werde den Hirten schlagen und die Schafe werden auseinanderlaufen.' Aber wenn ich aus dem Tod zu neuem Leben auferstehe, werde ich euch nach Galiläa vorangehen. Dort werdet ihr mich wiedersehen."

„Nein!", fiel ihm Simon Petrus ins Wort. „Ich verlasse dich nicht! Auch wenn alle anderen dich im Stich lassen."

„Täusch dich nicht!", antwortete Jesus. „Ehe der Hahn in dieser Nacht zweimal kräht, wirst du mich dreimal verleugnen. Dreimal wirst du sagen, dass du mich nicht kennst!"

„Ausgeschlossen!", rief Petrus. „Das werde ich niemals tun, und wenn ich mit dir sterben müsste!"

Das Gleiche sagten auch die anderen Jünger.

Schweigend ging Jesus seinen Jüngern voran. Bald kamen sie an eine einsame Stelle mit alten Ölbäumen, zum Garten Gethsemane.

„Setzt euch hier und wartet auf mich!", sagte Jesus zu seinen Jüngern. „Ich will dorthin gehen und beten."

151

Nur Petrus, Jakobus und Johannes gingen ein Stück weiter mit ihm.

Jesus fing an zu trauern. Todesangst überkam ihn. Er zitterte am ganzen Leib.

„Auf mir liegt eine furchtbare Last", sagte er, „unter der ich fast zerbreche. Bleibt bei mir und wacht mit mir und lasst mich nicht allein!"

Dann ging er noch ein paar Schritte weiter, warf sich auf die Erde und betete: „Herr, hilf mir! Ich habe Angst. Ich kann die Last nicht mehr ertragen. Mein Vater, wenn es möglich ist, so bewahre mich vor diesem Leiden! Lass den Leidenskelch an mir vorübergehen! Aber nicht, was ich will, sondern was du willst, soll geschehen!"

Jesus stand auf und kam zu den drei Jüngern zurück. Sie waren in der Zwischenzeit eingeschlafen. So groß war ihre Müdigkeit und Traurigkeit.

„Simon, schläfst du?", weckte er Petrus auf. „Kannst du nicht eine Stunde mit mir wach bleiben? Bleibt wach und betet! Sonst überwältigt euch die Macht der Finsternis. Ich weiß, ihr wollt das Beste. Aber der gute Wille allein schafft es nicht. Ihr braucht Kraft für die Prüfung, die jetzt auf euch zukommt. Bleibt wach und betet!"

Wieder ging Jesus weg, kniete nieder und sprach mit Gott. Er betete mit den gleichen Worten.

Als er zurückkam, waren die Jünger schon wieder eingeschlafen.
Sie konnten kaum die Augen öffnen, so müde waren sie. Sie hörten nicht,
was Jesus ihnen sagte, und hatten keine Kraft, ihm zu antworten.

Jesus war allein, ganz einsam.

Als er zum dritten Mal vom Gebet zurückkam und sie noch immer
schliefen, weckte er sie auf und sagte: „Wie lange wollt ihr noch schlafen
und euch ausruhen? Jetzt ist es genug! Die Stunde ist da, in der die Hände
meiner Feinde nach mir greifen! Steht auf und lasst uns gehen! Da – der
Verräter kommt schon!"

Da wurden Petrus, Jakobus und Johannes mit einem Mal hellwach. Sie
standen rasch auf und gingen mit Jesus zu den anderen Jüngern, die schon
unruhig warteten.

Laute Stimmen kamen näher. Fackeln leuchteten im Garten Gethsemane
auf. Und plötzlich waren sie da, die Männer, die Jesus gefangen nehmen
wollten: ein ganzer Trupp von Soldaten mit Schwertern und Knüppeln.

Die Priester und Schriftgelehrten hatten sie geschickt. Judas Iskariot
hatte ihnen den Ort verraten, wo Jesus und seine Jünger zu finden waren.
Denn Jesus ging mit seinen Jüngern oft in den Garten Gethsemane.

Judas hatte auch ein Zeichen mit den Männern verabredet: „Der, den ich
mit einem Kuss begrüßen werde, der ist es! Den nehmt fest!"

Judas ging schnell auf Jesus zu, sagte zu ihm: „Sei gegrüßt, Meister!",
und küsste ihn.

Jesus sagte: „Judas, verrätst du mich mit einem Kuss?"

Sofort packten ihn die Soldaten und nahmen ihn fest.

Einer von seinen Jüngern zog ein Schwert, traf den Diener des Hohepriesters und schlug ihm ein Ohr ab.

Jesus sah es und befahl ihm: „Steck sofort dein Schwert weg! Denn wer
zum Schwert greift, wird durch das Schwert umkommen. Weißt du nicht,
dass mir mein Vater im Himmel ein ganzes Heer von Engeln schicken
könnte, um mich zu retten? Ich brauchte ihn nur darum zu bitten. Aber
nun muss es so geschehen! Es ist Gottes Wille."

Und er wandte sich an die Männer, die gekommen waren, um ihn
abzuführen, und sagte: „Warum seid ihr mit Schwertern und Knüppeln
gekommen, um mich gefangen zu nehmen? Bin ich denn ein Verbrecher?
Ich bin doch jeden Tag bei euch im Tempel gewesen und habe gepredigt.

Warum habt ihr mich da nicht festgenommen? Aber jetzt ist eure Stunde. Jetzt hat Gott der Finsternis Macht gegeben. Es ist sein Wille."

Da verließen ihn alle Jünger und flohen.

Matthäus 26, 31–56; Markus 14, 27–50; Lukas 22, 48

Das Verhör vor dem Hohen Rat: Jesus bekennt, Petrus verleugnet

Die Soldaten brachten Jesus in den Palast des Hohepriesters Kaiphas. Dort versammelten sich schon die führenden Priester, die Schriftgelehrten und Ältesten. Der ganze Hohe Rat kam zusammen. Er bestand aus siebzig Männern und hatte in allen wichtigen Fragen des Volkes Israel zu entscheiden. Vor ihm sollte Jesus angeklagt und verhört werden.

Simon Petrus war dem Soldatentrupp mit Jesus heimlich gefolgt. Vorsichtig kam er bis in den Hof des Palastes. Dort setzte er sich in die Nähe der Wächter und Diener des Hohepriesters und wärmte sich am Feuer.

Der Hohepriester und die Mitglieder des Hohen Rates versuchten Jesus durch falsche Zeugenaussagen zu belasten. Aber das gelang ihnen nicht. Es traten zwar mehrere falsche Zeugen vor, die etwas gegen Jesus aussagten, aber ihre Aussagen widersprachen sich.

Einige behaupteten: „Wir haben gehört, wie er gesagt hat: ‚Ich will diesen Tempel, den Menschen gebaut haben, abreißen und dafür in drei Tagen einen neuen bauen, der nicht von Menschenhand stammt.'"

Aber auch ihre Aussagen stimmten nicht überein.

Schließlich erhob sich der Hohepriester, trat in die Mitte und fragte Jesus: „Stimmen diese Anklagen? Hast du etwas gegen sie vorzubringen?"

Aber Jesus schwieg. Er sagte kein Wort.

Da richtete Kaiphas die entscheidende Frage an Jesus: „Stimmt es, dass deine Jünger und Freunde dich den Retter nennen, den Messias? Bist du Christus, der Sohn Gottes?"

„Ich bin es!", antwortete Jesus. „Und ihr werdet sehen, wie der Menschensohn an der rechten Seite Gottes sitzt und mit den Wolken des Himmels wiederkommt!"

Da zerriss der Hohepriester den Saum seines Gewandes, zum Zeichen für alle, dass er tief empört war.

Erregt rief er: „Die Gerichtsverhandlung ist beendet! Wir brauchen keinen weiteren Zeugen mehr. Ihr habt es selbst gehört, wie sich der Angeklagte zum Sohn Gottes gemacht hat. Das ist schlimmste Gotteslästerung! Wie lautet euer Urteil?"

„Er hat die Todesstrafe verdient!", entschieden sie.

Das Urteil war gefällt. Nun war Jesus allem preisgegeben. Einige spuckten ihm ins Gesicht. Andere banden ihm die Augen zu, schlugen ihn mit Fäusten und höhnten: „Na, du Prophet, wer ist es, der dich geschlagen hat?"

Auch die Gerichtsdiener und Wächter, die ihn abführten, verspotteten und schlugen ihn.

Petrus saß noch unten im Hof des Palastes. Eine Dienerin des Hohepriesters kam vorbei und sah ihn am Feuer sitzen.

Sie guckte ihn an und sagte: „Du warst doch auch mit diesem Jesus von Nazareth zusammen!"

Petrus erschrak. Er winkte ab: „Ich weiß gar nicht, wovon du redest!"

Schnell ging er hinaus in die Vorhalle des Hofes. Da krähte ein Hahn.

Aber die Dienerin lief Petrus nach und sagte laut vor den anderen: „Dieser hier gehörte auch mit zum Nazarener!"

Wieder stritt Petrus es heftig ab.

Doch nach einer Weile sagten die Umstehenden zu ihm: „Natürlich, du gehörst auch zu seinen Freunden. Du kommst doch auch aus Galiläa. Man merkt es deutlich an deiner Aussprache."

Petrus stockte der Atem. „Nein!", rief er. „Ich schwöre es: Ich kenne den Mann überhaupt nicht, von dem ihr sprecht! Gott soll mich strafen, wenn ich lüge!"

In diesem Augenblick krähte der Hahn zum zweiten Mal.

Da fiel Petrus ein, was Jesus zu ihm gesagt hatte: „Ehe der Hahn in dieser Nacht zweimal kräht, wirst du mich dreimal verleugnen. Dreimal wirst du sagen, dass du mich nicht kennst."

Verzweifelt schlug Petrus die Hände vor sein Gesicht, lief durch das Menschengedränge und aus dem Hof hinaus und weinte bitterlich.

Markus 14, 53–72

Pilatus verurteilt Jesus zum Tod

Ein neuer Morgen dämmerte. Der Tag brach an, an dem Jesus sterben sollte. Aber wer sollte Jesus töten? Die Israeliten durften es nicht tun, auch nicht die Führer des Volkes. Nur die Römer, die die Macht im Land hatten, konnten ein Todesurteil vollstrecken. So mussten der Hohepriester und die Mitglieder des Hohen Rates Jesus zu Pontius Pilatus bringen lassen.

Pontius Pilatus war zu der Zeit der römische Statthalter und der höchste Richter im Land. Er hatte seinen Amtssitz in einer großen Burg in Jerusalem. Viele römische Soldaten standen zu seiner Verfügung.

Gefesselt wurde Jesus dem Statthalter Pontius Pilatus vorgeführt. Der Hohe Rat hatte Pilatus mitgeteilt, worum es ging.

„Bist du der König der Juden?", fragte Pilatus.

„Ja", antwortete Jesus. „Ich bin es."

Da klagten ihn die führenden Priester an: „Er hat unser Gesetz übertreten!"

„Er hat gegen uns gepredigt und Unruhe unter das Volk gebracht!"

„Er wollte unseren Tempel zerstören!"

„Er hat Gott gelästert und sich zu seinem Sohn gemacht!"

Pilatus fragte Jesus: „Willst du dich nicht verteidigen?"

Aber Jesus schwieg. Er sagte kein einziges Wort.

Darüber wunderte sich Pilatus sehr.

Nun war es üblich, dass Pilatus jedes Jahr zum Passahfest einen Gefangenen begnadigte. Das Volk durfte ihn selbst auswählen.

Um diese Zeit hatte es politische Unruhen gegeben, bei denen jemand ermordet wurde. Die Anführer des Aufstandes waren verhaftet und ins Gefängnis gebracht worden. Unter ihnen war ein Mann, der Barabbas hieß.

Während Pilatus noch mit den Priestern und Schriftgelehrten verhandelte, sammelten sich in der Burg viele Menschen. Sie kamen, um die Freilassung eines Gefangenen zu fordern.

Pilatus fragte die Volksmenge: „Was meint ihr? Soll ich euch den ‚König der Juden' freigeben?" Denn er wusste genau, dass die Priester und der

Hohe Rat Jesus nur aus Neid anklagten und töten wollten. Aber die Priester und Schriftgelehrten hetzten das Volk auf: „Fordert Barabbas! Er soll Barabbas freigeben!"

Und alle schrien: „Gib uns Barabbas frei!"

„Und was soll ich mit dem Mann machen, den ihr euren König nennt?", fragte Pilatus.

Da schrien sie alle: „Kreuzigt ihn!"

„Was hat er denn getan?", fragte Pilatus.

Aber er kam mit seiner Stimme nicht durch. Die Volksmenge war zu erregt und laut. Ununterbrochen brüllte die Menge: „Ans Kreuz mit ihm! Ans Kreuz mit ihm!"

Pilatus musste das Volk beruhigen. Koste es, was es wolle. Eine neue Unruhe im Land konnte er sich nicht leisten. Der Kaiser in Rom war ohnehin schon auf ihn aufmerksam geworden. Aus Furcht vor der Unruhe des Volkes gab er ihnen Barabbas frei. Jesus aber ließ er auspeitschen und zur Kreuzigung abführen.

Die römischen Soldaten brachten Jesus in den Hof der Burg. Dort sammelten sie ihre ganze Mannschaft. Sie zogen Jesus einen roten Mantel an, flochten eine Krone aus Dornenzweigen und setzten sie ihm auf. Er sollte wie ein König aussehen.

Dann nahmen sie zum Spaß eine untertänige Haltung an und grüßten ihn: „Der König der Juden! Er lebe hoch!"

Mit einem Stock schlugen sie ihn auf den Kopf, spuckten ihn an und knieten vor ihm nieder, um ihn zu verspotten. Als sie genug davon hatten, nahmen sie Jesus den roten Mantel ab und zogen ihm wieder seine eigenen Kleider an. Dann führten sie ihn hinaus, um ihn zu kreuzigen.

Markus 15, 1–20

Zu späte Reue: Der Tod des Verräters

Judas Iskariot hatte seinen Herrn verraten. Hatte er es aus Enttäuschung getan? Oder nur um des Geldes willen, das ihm die Priester und Schriftgelehrten dafür gaben? Oder wollte er Jesus durch den Verrat dazu herausfordern, seinen Feinden endlich seine ganze Macht und Stärke zu zeigen? So oder so, Judas war zum Werkzeug des Bösen geworden. Als er nun sah, dass Jesus zum Tode verurteilt war, packte ihn bittere Reue. Es tat ihm entsetzlich leid, was er getan hatte. „Das habe ich nicht gewollt, das nicht!", verzweifelte er. Furchtbar quälte ihn der Gedanke, was Jesus nun alles leiden musste. Er, der Unschuldige und Gerechte! „Und ich habe dazu beigetragen! Ich, der lange Zeit zu ihm gehörte! Wie er mich angesehen hat, als ich ihn durch den Kuss verriet! Diesen guten Blick, der mich noch immer suchte, vergesse ich nie!" So bereute Judas seine Tat.

Er nahm die dreißig Silberstücke, die er als Lohn für den Verrat bekommen hatte, und brachte sie den führenden Priestern und Mitgliedern des Hohen Rates zurück.

„Ich will das Geld nicht behalten!", sagte er zu ihnen. „Nehmt es zurück! Ich habe eine große Schuld auf mich geladen und einen Unschuldigen verraten! Er muss jetzt sterben und ich habe ihn euch ausgeliefert!"

„Was geht uns das an?", antworteten ihm die Priester und Mitglieder des Hohen Rates. „Das ist doch deine Sache. Du hast ihn uns verraten und das hat uns genutzt. Sieh selbst zu, wie du damit fertig wirst!"

So ließen sie ihn stehen.

Da wusste Judas keinen Ausweg mehr. Er nahm das Geld und warf es in den Tempel. Dann lief er fort und erhängte sich. So starb der Verräter Judas Iskariot.

Matthäus 27, 3–8

Jesu Kreuzigung und Tod

Draußen vor der Stadt Jerusalem lag der Hügel Golgatha. Dort sollte Jesus gekreuzigt werden.

Die Soldaten hatten Jesus einen Holzbalken auf den Rücken gelegt. Das war der Querbalken, der nachher am großen Kreuzstamm hochgezogen werden sollte. Aber der Holzbalken war schwer und Jesus von den Schlägen und Wunden so geschwächt, dass er ihn nicht lange tragen konnte.

Schließlich brach er unter der Last zusammen.

Da kam den Soldaten ein Mann entgegen, der gerade auf seinem Feld gearbeitet hatte. Den riefen sie herbei und zwangen ihn, den schweren Kreuzbalken für Jesus zu tragen.

Es war Simon von Cyrene.

Als sie auf dem Hügel Golgatha ankamen, wollten die Soldaten Jesus ein Betäubungsgetränk geben: Wein mit Myrrhe. Aber Jesus trank nichts davon. Dann zogen sie Jesus aus und legten ihn auf die Erde.

Sie nagelten seine Hände am Querbalken fest und zogen ihn am großen Kreuzstamm hoch, der schon fest im Boden stand. Unten nagelten die Soldaten seine Füße fest.

So hing Jesus am Kreuz auf Golgatha. Seine Kleider verlosten die Soldaten unter sich. Es war neun Uhr morgens, als sie ihn kreuzigten.

Oben am Kreuz wurde ein Schild angebracht. Auf ihm stand: Jesus von Nazareth – König der Juden.

Das war der Grund für das Todesurteil. Neben Jesus kreuzigten die Soldaten noch zwei andere Männer, einen links und einen rechts von ihm. Es waren zwei Verbrecher.

Die Leute, die am Kreuz vorbeikamen, beschimpften Jesus und schüttelten spöttisch den Kopf: „Wie schön du den Tempel zerstören und in drei Tagen wieder aufbauen wolltest! Mach dich doch los und komm herunter vom Kreuz!"

Auch die Priester und Schriftgelehrten machten sich über Jesus lustig:

„Anderen hat er geholfen. Aber sich selber helfen kann er nicht! Ein schöner Messias und König von Israel! Soll er doch vom Kreuz heruntersteigen! Dann wollen wir an ihn glauben."

Mittags um zwölf Uhr wurde es plötzlich dunkel im ganzen Land. Die Finsternis dauerte drei Stunden.

Gegen drei Uhr nachmittags rief Jesus laut: „Eli, Eli, lama sabachthani?" Das heißt: „Mein Gott, mein Gott, warum hast du mich verlassen?"

Einige von den Leuten, die dabeistanden, sagten: „Er ruft den Propheten Elia."

Schnell holte einer einen Schwamm, tauchte ihn in Essig und steckte ihn auf eine Stange, um Jesus zu trinken zu geben.

„Wir wollen doch sehen, ob Elia kommt und ihm hilft!", sagte er.

Aber Jesus schrie laut auf und starb.

Der römische Hauptmann, der neben dem Kreuz stand, war erschüttert. Er hatte Jesus in seiner letzten Stunde miterlebt. Er bekannte: „Tatsächlich, dieser Mann ist Gottes Sohn gewesen!"

Aus der Ferne hatten einige Frauen zugesehen. Unter ihnen waren Maria aus Magdala, Maria, die Mutter des Jakobus und Joses, und Salome.

Die drei Frauen gehörten schon in Galiläa zum Freundeskreis Jesu. Aber auch andere Frauen waren da, die mit Jesus nach Jerusalem gekommen waren.

Markus 15, 21–41

Jesus wird ins Grab gelegt

Es wurde Abend und die Sonne ging schon unter. Da kam ein wohlhabender und angesehener Mann aus Arimathia, der hieß Josef. Er gehörte auch zum Hohen Rat, hatte aber nicht zugestimmt, als der Rat beschloss, Jesus hinrichten zu lassen.

Josef von Arimathia war ein sehr guter und gerechter Mann und gehörte mit zu den Freunden Jesu. Er wartete auf das Reich Gottes. Mutig beschloss er, zu Pilatus zu gehen und ihn um den Leichnam Jesu zu bitten. Er wollte ihn vom Kreuz abnehmen und in ein Grab legen.

Weil am nächsten Tag Sabbat und damit Ruhetag war, an dem man nicht arbeiten durfte, hatte es Josef eilig. Der tote Jesus sollte noch vor Einbruch der Nacht seine Ruhe finden.

Pilatus war erstaunt, dass Jesus schon gestorben war.

Er rief den Hauptmann zu sich und erkundigte sich: „Ist Jesus von Nazareth wirklich schon tot?"

Die meisten Verurteilten quälten sich nämlich noch bis zu zwei Tage am Kreuz.

Der Hauptmann erstattete Pilatus Bericht und bestätigte ihm den Tod Jesu.

Da gab Pilatus den Leichnam frei und überließ ihn Josef von Arimathia.

Josef kaufte ein großes Leinentuch. Er nahm ein paar Helfer mit und ging mit ihnen zum Hügel Golgatha. Dort nahmen sie Jesus vom Kreuz ab und hüllten ihn in das Tuch ein.

Dann gingen sie mit ihm zu einem Grab, das in einen Felsen gehauen war. Es war Josefs Eigentum. Er hatte es sich erst vor einiger Zeit bauen lassen und noch kein Toter hatte darin gelegen.

Sie trugen Jesus in die Grabhöhle und legten ihn auf einer Steinbank nieder. Dort war es dunkel und kühl.

Zuletzt wälzten Josef und seine Helfer einen großen runden Stein vor den Eingang des Grabes. Niemand sollte die Ruhe des Toten stören.

Maria aus Magdala und die andere Maria sahen zu. Sie merkten sich die Grabstätte, in der Jesus lag. Traurig gingen sie davon.

Markus 15, 42–47; Matthäus 27, 60; Lukas 23, 50–51

Ostern

Die Auferstehung Jesu

Der Ruhetag Israels, der Sabbat, war vorüber. Ganz früh am Sonntagmorgen, als gerade die Sonne aufging, kamen drei Frauen zum Grab Jesu: Maria aus Magdala, Maria, die Mutter des Jakobus, und Salome. Sie wollten die Grabstätte und den toten Jesus noch einmal sehen. Sie hatten wohlriechende Öle und Salben gekauft. Damit wollten sie Jesu Körper einreiben und ihm so noch eine letzte Ehre erweisen.

Unterwegs fiel ihnen ein: „Wer wird uns den Stein vom Eingang des Grabes wegrollen?" Denn der Stein war groß und schwer.

Da sahen sie das Grab von Weitem. Sie bemerkten, dass der Stein schon vom Eingang weggewälzt war. Verwundert traten die Frauen näher. Sie gingen in die Grabhöhle hinein. Zuerst konnten sie nichts sehen, so dunkel war es darin.

Mit einem Mal sahen die Frauen einen hellen Schein. Auf der rechten Seite der Grabhöhle saß ein junger Mann. Er trug ein langes weißes Gewand.

Die drei Frauen erschraken sehr. „Habt keine Angst!", sagte der junge Mann zu ihnen. „Ich weiß, ihr sucht Jesus von Nazareth, der gekreuzigt wurde. Er ist nicht mehr hier. Gott hat ihn vom Tod auferweckt. Er ist auferstanden!"

Dann zeigte er auf die leere Steinbank und sagte: „Seht hier die Stelle, wo er gelegen hat! Und nun geht hin zu Petrus und zu den anderen Jüngern und sagt ihnen: ‚Gott hat Jesus vom Tod erweckt! Er geht euch nach Galiläa voraus. Dort werdet ihr ihn sehen.'"

Voller Entsetzen verließen die Frauen die Grabhöhle. Sie zitterten am ganzen Körper und rannten weg.

Markus 15, 1–8

Der Auferstandene begegnet zwei Jüngern bei Emmaus

Am selben Tag wanderten zwei von den Jüngern nach Emmaus, einem Dorf, das zehn Kilometer von Jerusalem entfernt lag. Unterwegs redeten sie miteinander über die Ereignisse der letzten Tage.

„Nun ist alles aus und vorbei!", sagte der eine Jünger traurig. „Was für eine große Hoffnung hatten wir auf Jesus gesetzt! Er sollte unser König sein."

Der andere nickte und sagte: „Mir ist es ein Rätsel, warum gerade er, der Unschuldige und Gerechte, so Schreckliches durchmachen musste. Begreifen werde ich es wohl nie!"

Während sie so miteinander sprachen, holte sie plötzlich ein Fremder ein und schloss sich ihnen an.

„Worüber unterhaltet ihr euch? Was bewegt euch so?", fragte er sie.

Die Jünger blieben traurig stehen. Sie wunderten sich: „Du kommst aus Jerusalem und weißt nicht, was da geschehen ist? Bist du der Einzige, der nichts davon weiß?"

„Was ist denn geschehen?", wollte der Fremde wissen.

„Das mit Jesus von Nazareth!", brach es aus den Jüngern hervor. „Er war ein Prophet, den Gott uns geschickt hat. Jeder konnte das an seinen Worten und Taten merken. Aber unsere Priester und Männer des Hohen Rates haben ihn an die Römer ausgeliefert. Er wurde zum Tode verurteilt

und ans Kreuz geschlagen. Und wir hatten gehofft, er wäre der Messias, der Retter, der Israel befreien würde! Das war vor drei Tagen. Und heute Morgen haben uns einige unserer Frauen noch mehr erschreckt! Sie gingen schon vor Sonnenaufgang zum Grab. Aber der Leichnam Jesu war nicht mehr da. Sie behaupteten, sie hätten einen Engel gesehen. Der hätte ihnen gesagt: Jesus lebt. Aber ihn selber haben sie nicht gesehen."

„Ich habe euch gut zugehört", sagte der Fremde zu den beiden Jüngern. „Ihr versteht die Geschichte von Jesus noch nicht richtig! Die Propheten haben es doch klar vorausgesagt: Der kommende Retter muss leiden und die Schuld und die Last der Welt auf sich nehmen. Leiden und Sterben gehören mit zu seinem Auftrag! Seid ihr blind? Begreift ihr es nicht? Wollt ihr es nicht glauben? Der Messias und Retter musste doch das alles durchmachen, um Gottes Willen zu erfüllen! Nur so konnte er zu Gottes Herrlichkeit gelangen!"

Und er erklärte ihnen, was die heiligen Schriften über den Retter Israels sagten, angefangen von den Büchern Mose bis zu den Propheten. „Habt ihr nie gelesen, was der Prophet Jesaja sagt?", fragte der Fremde. „Er musste Schmerzen leiden und war von Krankheit gezeichnet. Aber in Wirklichkeit waren es unsere Leiden und Schmerzen, die er trug. Eigentlich hätten wir sie verdient, aber er hat sie an unserer Stelle auf sich genommen. Wir dachten, Gott hätte ihn gestraft und geschlagen. Aber in Wirklichkeit ließ er sich für uns verwunden und quälen – wegen unseres Ungehorsams und unserer Schuld. Gott hat unsere Strafe auf ihn gelegt, damit wir gerettet werden und Frieden haben. Er wurde verwundet und wir sind durch seine Wunden geheilt."

Es war wunderbar, dem Fremden so zuzuhören! Er lehrte sie und tröstete sie zugleich. Die Jünger spürten, wie ihnen warm ums Herz wurde. Zum ersten Mal nach langer Zeit.

Inzwischen waren sie in die Nähe von Emmaus gekommen. Nun schienen sich ihre Wege zu trennen. Der Fremde wollte weitergehen. Aber die Jünger baten ihn: „Bleib doch bei uns! Es will Abend werden und bald bricht die Nacht herein."

Da ging er mit ihnen ins Haus. Als sie sich zum Essen gesetzt hatten, nahm der Fremde das Brot, segnete es und dankte Gott dafür. Dann brach er es in Stücke und gab es ihnen.

164

Mit aufgerissenen Augen starrten sie ihn an. Und plötzlich erkannten sie ihn: Der Fremde war Jesus! Leibhaftig saß er vor ihnen. Er lebte! Ehe sie aufspringen und etwas sagen konnten, verschwand er mit einem Mal vor ihnen.

Nun fiel es den beiden wie Schuppen von den Augen.

Betroffen sagten sie zueinander: „Den ganzen Weg ging Jesus mit uns! Und wir haben ihn nicht erkannt. Und dennoch: Fühlten wir nicht, wie heiß es uns ums Herz wurde, als er unterwegs mit uns sprach und uns die heiligen Schriften erklärte?"

Nichts hielt sie mehr in Emmaus. So schnell sie konnten, kehrten sie nach Jerusalem zurück. Dort waren die anderen Jünger und Freunde Jesu versammelt. Von ihnen wurden die beiden Emmauswanderer in großer Freude und Aufregung begrüßt.

„Der Herr ist auferstanden!", sagten sie. „Er ist tatsächlich auferstanden! Petrus hat ihn gesehen."

Da erzählten ihnen die beiden Jünger, was sie auf dem Weg nach Emmaus erlebt hatten.

Sie sagten: „Schon als er mit uns redete, wurde uns warm ums Herz. Aber richtig erkannt haben wir ihn erst, als er das Brot brach und es uns reichte!"

Lukas 24, 13–35

Jesus erscheint seinen Jüngern

Noch als die beiden Jünger erzählten, was sie auf dem Weg nach Emmaus erlebt hatten, stand plötzlich Jesus selbst mitten unter ihnen. Er begrüßte sie und sagte: „Friede sei mit euch!"

Die Jünger erschraken. Denn sie dachten, ein Geist stünde vor ihnen.

„Warum seid ihr so erschrocken und habt Angst?", fragte Jesus. „Seht ihr nicht, dass ich es bin? Seht euch meine Hände und Füße an, meine Wunden von den Nägeln am Kreuz! Ich bin es wirklich. Kein Traumbild steht vor euch."

Und er zeigte ihnen seine Hände und Füße.

Aber vor lauter Freude konnten es die Jünger immer noch nicht fassen, dass Jesus vor ihnen stand.

Da fragte Jesus: „Habt ihr etwas zu essen da?"

Sie gaben ihm Brot und ein Stück gebratenen Fisch. Er nahm es, setzte sich wie früher zu ihnen an den Tisch und aß es vor ihren Augen.

Große Freude überkam die Jünger. Jesus, ihr Herr, lebte! Er war mitten unter ihnen! Nun glaubten sie. Nun wussten sie es wirklich: Er war auferstanden!

Dann fing Jesus an, ihnen die heiligen Schriften richtig zu erklären. Er sagte: „Alles, was bei Mose, bei den Propheten und in den Psalmen über mich vorausgesagt ist, musste sich erfüllen. Da heißt es doch: ‚Der Messias muss leiden und sterben, aber am dritten Tag wird er von den Toten auferstehen.'"

Und Jesus gab seinen Jüngern den Auftrag: „Ihr müsst zu den Menschen aller Völker gehen und ihnen die gute Nachricht bringen. Durch mich wird ihnen Vergebung der Sünden und ein neues Leben mit Gott angeboten. Ihr sollt meine Boten und Mitarbeiter sein. Hier in Jerusalem sollt ihr damit anfangen. Sammelt euch immer wieder in dieser Stadt, bis ihr die Kraft des Heiligen Geistes bekommt. Ich werde euch diese Kraft geben, wie es mein Vater versprochen hat."

Lukas 24, 36–49

Jesus erscheint am See und beauftragt Petrus

Nach einiger Zeit verließen die Jünger Jerusalem und kehrten wieder in ihre Heimat Galiläa zurück. Sie wollten wieder an den See Genezareth, wo Jesus sie einst in seine Nachfolge gerufen hatte. Was sollten sie nun tun?

„Ich werde jetzt auf den See fahren und Fische fangen", sagte Petrus.

„Gut, wir kommen mit!", meinten darauf die anderen.

Es wurde Abend und nachts war die beste Zeit zum Fischen. Sie gingen ans Ufer, stiegen ins Boot und fuhren los. Aber während der ganzen Nacht fingen sie nicht einen Fisch, sosehr sie sich auch mühten. Müde und enttäuscht fuhren sie zum Land zurück.

Im Morgengrauen stand ein Mann am Ufer.

„Habt ihr etwas zu essen?", rief er ihnen zu.

„Nein", antworteten sie. „Wir haben leider keine Fische gefangen."

„Werft euer Netz auf der rechten Seite des Bootes aus! Da wird es sich mehr lohnen!", forderte der Fremde die Jünger auf.

Wusste der Mann da nicht, dass am Morgen keine Fische ins Netz gingen, schon gar nicht in der Nähe des Ufers? Sie zögerten einen Augenblick.

Aber dann dachten sie: „Nach dieser Enttäuschung heute Nacht kommt es auf einen weiteren Fehlfang auch nicht mehr an!" Sie warfen ihr Netz auf der rechten Seite des Bootes aus.

Aber was war das? Das Netz zuckte und straffte sich. Es füllte sich. Fische über Fische! Es wimmelte nur so von ihnen. Das Netz wurde so schwer, dass die Jünger es nicht in ihr Boot ziehen konnten.

Da sagte Johannes leise zu Petrus: „Es ist der Herr!"

Kaum hatte Simon Petrus das gehört, zog er sich etwas über und sprang ins Wasser, um schnell ans Ufer zu schwimmen.

Die anderen Jünger folgten Petrus mit dem Boot. Sie mussten das gefüllte Netz hinter sich herziehen. Als sie an Land gingen, sahen sie am Ufer ein Kohlenfeuer brennen, auf dem Brot und Fische geröstet wurden.

„Nun bringt ein paar von den Fischen her, die ihr eben gefangen habt!", sagte Jesus.

Simon Petrus ging zum Boot und zog das Netz an Land. Es war voll von großen Fischen. Aber es zerriss nicht.

„Kommt her und esst!", lud Jesus die Jünger ein.

Keiner von den Jüngern wagte ihn zu fragen: „Wer bist du?" Denn alle wussten sie: Es ist der Herr.

Da nahm Jesus das Brot und die Fische, trat zu ihnen und gab jedem davon zu essen.

Beim Essen wurde Simon Petrus still und nachdenklich. Er dachte an ein anderes Feuer, an dem er vor Kurzem gesessen hatte. Im Palasthof des Hohepriesters, in der Nacht, als Jesus vor dem Hohen Rat verhört wurde. Wie jämmerlich hatte Simon Petrus in dieser Nacht versagt! Wie bitter hatte er es bereut, seinen Herrn dreimal verleugnet zu haben! Ob Jesus ihm je vergeben konnte? Er wagte es nicht, danach zu fragen.

Nach dem Essen wandte sich Jesus an Simon Petrus. Er sah ihn lange an. Dann fragte er ihn: „Simon, liebst du mich mehr als die anderen hier?"

„Ja, Herr", antwortete ihm Petrus. „Du weißt, dass ich dich liebe."

„Dann hüte meine Lämmer! Sorge für die Meinen!", sagte Jesus.

Nach einer Weile wiederholte Jesus seine Frage: „Simon, liebst du mich?"

„Ja, Herr", antwortete Petrus noch einmal. „Du weißt doch, dass ich dich liebe."

„Dann führe meine Schafe! Leite alle, die zu meiner Gemeinde gehören!", sagte Jesus.

Dann verstummte das Gespräch eine Zeit lang.

Schließlich fragte Jesus zum dritten Mal: „Simon, hast du mich wirklich lieb?" Petrus wurde traurig. Warum fragte Jesus ihn drei Mal? Glaubte er ihm nicht?

Aber hatte Petrus seinen Herrn nicht auch dreimal verleugnet?

Da merkte er, wie Jesus es mit ihm meinte. Er wollte ihm drei Mal Gelegenheit geben, sein Versagen wiedergutzumachen. Ja zu ihm zu sagen. Seine Liebe zu ihm zu bekennen.

„Ach Herr", sagte Petrus leise, „du weißt doch alles. Du weißt auch, wie sehr ich dich liebe!"

„Dann hüte meine Schafe! Kümmere dich um die, die mich brauchen!", sagte Jesus.

Nun spürte Petrus: Jesus hatte ihm vergeben. Er durfte neu anfangen und für die Jünger und Freunde Jesu da sein. Sein Herr hatte ihn wieder angenommen und ihm einen großen Auftrag gegeben.

„Hör gut zu, Simon!", fuhr Jesus fort. „Als du jung warst, hast du getan, was du wolltest. Du bist eigene Wege gegangen. Wenn du aber älter sein wirst, wird ein anderer dich führen – dahin, wo du nicht hingehen willst. Auch du wirst am Ende einen schweren Weg gehen müssen. Aber er führt in Gottes Herrlichkeit. Darum folge mir nach!"

Folge mir nach! Es klang wie am Anfang, als Simon von Jesus gerufen wurde. Und doch klang es ganz anders und neu.

Johannes 21, 1–19

Missionsauftrag, Himmelfahrt, Pfingsten

Missionsauftrag und Himmelfahrt: Jesus sendet seine Jünger und kehrt zu Gott zurück

Jesus hatte seinen Jüngern einen Berg genannt und gesagt: „Geht auf diesen Berg. Dort werdet ihr mich wiedersehen."

Die elf Jünger taten, was ihnen Jesus befohlen hatte. Als sie oben auf dem Berg waren, sahen sie ihn. Sie fielen vor ihm nieder. Einige aber zweifelten, ob es wirklich Jesus war.

Jesus ging auf seine Jünger zu und sprach: „Gott hat mir Macht gegeben, große Macht. Alle Macht im Himmel und auf der Erde. Darum geht nun zu allen Völkern der Erde und macht die Menschen zu meinen Freunden und Jüngern! Tauft sie im Namen des Vaters und des Sohnes und des Heiligen Geistes! Sagt ihnen, sie sollen so leben, wie ich es euch aufgetragen habe. Und denkt daran: Ich bin immer bei euch, jeden Tag, bis an das Ende der Welt."

Immer wieder kam Jesus zu seinen Jüngern und zeigte sich ihnen nach seinem Tod als der Auferstandene. Manchmal kündigte er sein Kommen an, manchmal erschien er ganz überraschend. In Galiläa und in Jerusalem ließ er sich sehen. Er sprach mit seinen Jüngern über das Reich Gottes. Vierzig Tage lang geschah das. Dann kehrte Jesus in das unsichtbare himmlische Reich zu seinem Vater zurück.

Zuletzt gab er den Jüngern den Auftrag: „Wartet in Jerusalem auf den Heiligen Geist, den euch mein Vater versprochen hat! Ihr wisst: Johannes der Täufer taufte mit Wasser. Ihr aber werdet schon bald mit dem Heiligen Geist getauft werden. Ich sende ihn euch."

Da fragten ihn die Jünger: „Herr, wirst du dann Gottes Herrschaft für alle sichtbar in Israel aufrichten? Kommt dann Gottes Reich, das mit dir angebrochen ist, zur Vollendung?"

„Es ist nicht eure Sache, Zeit und Stunde zu wissen", antwortete Jesus. „Mein Vater allein hat den Zeitpunkt dafür bestimmt. Ihr braucht euch darum nicht zu sorgen. Aber ihr werdet die Kraft des Heiligen Geistes bekommen. Ihr werdet meine Zeugen und Boten sein, in Jerusalem, durch das ganze Israel und bis in alle Welt."

Während Jesus das sagte, wurde er vor ihren Augen emporgehoben. Gott nahm ihn zu sich in seine Herrlichkeit. Eine Wolke kam, hüllte ihn ein und entzog ihn ihren Blicken.

Als die Jünger ihm überrascht hinterhersahen, standen mit einem Mal zwei Männer in weißen Gewändern neben ihnen.

„Was steht ihr noch hier und seht zum Himmel?", sagten sie zu den Jüngern. „Gott hat Jesus zu sich in sein Reich genommen. Eines Tages wird er wiederkommen und sein Reich auf der Erde vollenden. Und nun denkt daran, was er euch gesagt hat. ‚Ich bin immer bei euch, jeden Tag, bis an das Ende der Welt.'"

Da bekamen die Jünger neuen Mut. Sie dankten Gott und gingen nach Jerusalem.

Matthäus 28, 16–20; Apostelgeschichte 1, 3–11

Pfingsten: Gott sendet den Jüngern seinen Geist

Erwartungsvoll sammelten sich die Jünger und Freunde Jesu in Jerusalem. Sie waren ein großer Kreis von Männern und Frauen. Sie trafen sich im Tempel, aber auch in ihren Häusern. Sie erzählten von Jesus und warteten auf den Heiligen Geist, den Jesus versprochen hatte.

Eines Tages schlug Simon Petrus vor: „Lasst uns als Ersatz für Judas Iskariot einen neuen Mann in den Jüngerkreis berufen! Dann sind wir wieder zwölf, wie Jesus es wollte."

Sie beteten und losten einen Mann aus. Das Los fiel auf Matthias. Seit dieser Zeit gehörte er zum Zwölferkreis.

Die Jünger wurden auch Apostel genannt. Apostel – das hieß: Boten, Abgesandte und Beauftragte von Jesus. Männer der ersten Stunde, die Jesus persönlich erlebt hatten. Manche Apostel waren besonders angesehen, so wie zum Beispiel Johannes und Jakobus. Vor allem Simon Petrus aber hatte eine führende Stellung.

Als das Pfingstfest kam, ein Erntefest in Israel, waren in Jerusalem viele Besucher und Gäste zusammen, die das Fest mitfeiern wollten. Sie kamen aus verschiedenen Ländern und Provinzen, von nah und fern. Viele verschiedene Sprachen hörte man auf den Straßen und im Tempelbezirk. Es war ein buntes Treiben.

Am Pfingstmorgen kamen die Jünger mit den anderen Männern und Frauen zusammen, die Jesus begleitet hatten. Sie trafen sich in einer Halle des Tempels, in dem sie sich oft versammelten. Dicht gedrängt saßen und standen sie an.

Plötzlich kam ein mächtiges Brausen vom Himmel her, als ob sie ein gewaltiger Sturm überfiele. Die ganze Halle, in der sie saßen, wurde davon erfüllt. Zugleich sahen sie so etwas wie züngelndes Feuer, das auf sie herabkam. Es ließ sich in einzelnen Flammen auf jedem von ihnen nieder.

Gottes Heiliger Geist erfasste sie alle. Das Herz bebte ihnen und ihre Sinne glühten. Feuer war in sie gefahren. Das heilige Feuer des Glaubens.

In lodernder Begeisterung bekannten sie ihren Herrn.

„Jesus lebt!", riefen sie mit lauten Stimmen. „Er ist mitten unter uns. Er hat uns Gottes Heiligen Geist geschickt. Gelobt sei Gott!"

Sie jubelten und frohlockten. So groß war das Wunder, dass sie anfingen, fremdartige Worte zu sprechen, wie sie ihnen Gottes Geist eingab. Sie konnten plötzlich in Sprachen reden, die sie vorher nie gehört hatten.

Auch in diesen fremden Sprachen lobten sie Gott und Jesus.

Die Leute auf der Straße, die zum Tempel gingen, hatten das Brausen und den Sturm gehört. Erschrocken blieben sie stehen und schauten herüber. Als sie nun den Jubel der Jünger und das laute Stimmengewirr vernahmen, kamen sie neugierig näher und drängten sich an die Fenster und in die Tür. Immer mehr Menschen versammelten sich, Einwohner aus Jerusalem und Israel, aber auch viele Besucher und Gäste aus anderen Ländern. Von allen Seiten liefen sie herbei.

Fassungslos hörte jeder Ausländer die Jünger in seiner eigenen Sprache reden.

„Wie ist das möglich?", riefen sie. „Sind das nicht Galiläer? Wie kommt es denn, dass wir sie in unserer Muttersprache reden hören?"

Die so voll Staunen fragten, kamen aus Mesopotamien, aus der Provinz Asien, aus Phrygien und Ägypten, aus Libyen und aus Rom, aus Kreta und Arabien.

„Wir hören sie von den Taten Gottes reden und von Jesus von Nazareth", sagten sie. „Könnt ihr euch das erklären? Was bedeutet das?"

Andere machten sich darüber lustig und meinten: „Ist doch klar, dieses Durcheinander! Merkt ihr nicht? Die Leute sind betrunken!"

Da erhob sich Petrus mit den anderen elf Jüngern, trat unter die Volksmenge und sagte mit fester Stimme: „Hört mir zu, ihr Einwohner Jerusalems und ihr Israeliten aus aller Welt! Ich will euch erklären, was hier geschieht. Diese Leute hier sind nicht betrunken, wie einige von euch denken. Wir trinken keinen Wein so früh am Morgen! Nein, hier erfüllt sich vielmehr das, was der Prophet Joel vorausgesagt hat: ‚In den letzten Tagen, spricht Gott, will ich allen Menschen meinen Geist geben. Eure Söhne und Töchter werden wie die Propheten reden. Allen, die mir dienen, gebe ich meinen Geist. Und sie werden reden, was ich ihnen eingebe.'

Und nun hört her, ihr Männer Israels! Ihr wisst alle, dass Jesus von Nazareth in Gottes Auftrag viele große Taten und Wunder unter uns vollbracht hat. Und doch habt ihr ihn an die Römer ausgeliefert und ihn ans Kreuz schlagen lassen! Diesen Jesus hat Gott von den Toten auferweckt. Das bezeugen wir alle. Er ist uns erschienen und hat uns versprochen, uns Gottes Heiligen Geist zu schicken. Ihr seht und hört jetzt selbst, dass dies in Erfüllung gegangen ist.

Jesus, den Gott zum Herrn und Retter bestimmt hat, habt ihr gekreuzigt! Das ist die Wahrheit, an der es nichts zu rütteln gibt."

Diese Predigt des Petrus traf die Zuhörer mitten ins Herz. Sie fragten ihn und die anderen Jünger: „Brüder, was sollen wir tun?"

„Ändert euer Leben!", forderte Petrus sie auf. „Wendet euch Gott zu und macht einen neuen Anfang! Zum Zeichen dafür lasst euch auf den Namen Jesu Christi taufen. Dann wird Gott eure Sünden vergeben und auch euch den Heiligen Geist schenken."

Petrus drang noch weiter in sie und machte ihnen Mut: „Lasst euch erretten!"

Viele nahmen sich seine Worte zu Herzen und ließen sich taufen. Etwa dreitausend Menschen wurden an diesem Tag in die Gemeinde der Christen aufgenommen.

Apostelgeschichte 1, 21–26; 2, 1–41

Der Apostel Paulus

Die Bekehrung des Paulus

Sein jüdischer Name war Saulus. Er erinnerte an Saul, den König von Israel.

Saulus stammte aus der Stadt Tarsus in Kleinasien und hatte sich als Schriftgelehrter in Jerusalem ausbilden lassen. Er gehörte zu den Pharisäern und war ein leidenschaftlicher Kämpfer für das überlieferte Gesetz in Israel.

Er sprach zwei Sprachen, wusste viel von der Welt und war ein gebildeter Mann.

Sein römischer Name war Paulus. Denn er hatte von Geburt an das Vorrecht, römischer Bürger zu sein. Dieses Vorrecht, das nur die höheren Volkskreise genossen, half ihm in schwierigen Lagen seines Lebens. Später nannte er sich nur noch Paulus, vor allem nachdem er ganz überraschend Christ geworden war.

Und das kam so:

Zuerst war Saulus ein erbitterter Feind der Christen. Er war davon überzeugt, dass sie einen falschen Glauben verbreiteten und eine große Gefahr für Israel waren.

Saulus hatte zugesehen, wie Stephanus gesteinigt wurde, und fand diese Strafe ganz in Ordnung. Ja, er selbst verfolgte die Christen und tat alles, um sie auszurotten.

Gerade hatte er sich vom Hohepriester in Jerusalem eine schriftliche Vollmacht geben lassen, die Anhänger des christlichen Glaubens in der Stadt Damaskus aufzuspüren und gefangen nach Jerusalem zu bringen. Die jüdische Gemeinde in Damaskus sollte Saulus dabei helfen.

Eilig machte sich Saulus mit seinen Begleitern auf den Weg nach Damaskus, um den Auftrag zu erfüllen. Kurz vor Damaskus umblitzte ihn plötzlich ein Licht vom Himmel, ein blendend helles Licht.

Es traf ihn wie ein Schlag. Er stürzte zu Boden und hörte eine Stimme: „Saul, Saul, warum verfolgst du mich?"

„Wer bist du, Herr?", fragte Saulus ganz erschrocken.

„Ich bin Jesus, den du verfolgst!", antwortete die Stimme. „Steh auf und geh in die Stadt! Dort wird man dir sagen, was du tun sollst."

Die Begleiter des Saulus standen wie erstarrt vor Schreck. Sie brachten kein Wort heraus. Sie hatten zwar die Stimme gehört, aber sie sahen niemanden.

Als Saulus aufstand und die Augen öffnete, konnte er nicht mehr sehen. An der Hand ließ er sich nach Damaskus führen. Drei Tage lang blieb er blind. Und er wollte weder essen noch trinken.

In Damaskus wohnte ein Christ, der Hananias hieß. Der hörte plötzlich die Stimme Jesu.

„Hananias!", sagte Jesus.

„Ja, Herr, hier bin ich", erwiderte Hananias.

Jesus beauftragte ihn: „Geh in die Gerade Straße in das Haus des Judas und frage dort nach Saulus aus Tarsus! Er betet gerade und wartet auf dich. Geh und leg ihm die Hände auf, damit er wieder sehen kann."

„Aber, Herr", erschrak Hananias, „ich habe doch schon von so vielen gehört, wie grausam dieser Mann deine Gemeinde in Jerusalem verfolgt! Und jetzt haben wir erfahren, dass er im Auftrag des Hohepriesters auch hier in Damaskus alle verhaften will, die sich zu dir bekennen!"

Aber Jesus sagte zu Hananias: „Tu alles, was ich dir gesagt habe! Sei ohne Sorge! Denn gerade Saulus habe ich zu meinem Werkzeug auserwählt. Er soll die gute Nachricht von mir allen Völkern und Herrschern der Erde verkünden, aber auch den Israeliten. Ich werde ihm zeigen, wie viel er dabei für mich leiden muss."

Hananias gehorchte und ging in das Haus des Judas. Dort fand er Saulus und legte ihm die Hände auf.

„Lieber Bruder Saulus", sagte er, „der Herr hat mich zu dir geschickt, Jesus Christus, der dir vor Damaskus erschienen ist. Du sollst wieder sehen können. Du sollst auch den Heiligen Geist bekommen."

Im selben Moment fiel es Saulus wie Schuppen von den Augen. Er konnte wieder sehen. Er stand auf und ließ sich sofort taufen. Dann aß er etwas und erholte sich bald wieder.

Einige Tage blieb Saulus bei den Christen in Damaskus. Sogleich ging er zu den Juden in die Synagoge. Dort verkündete er laut vor allen: „Jesus ist der Herr! Ich habe es an mir erfahren. Ich rufe euch alle auf: Glaubt an Jesus! Er ist der Messias und Gottes Sohn!"

Seine Zuhörer konnten es nicht fassen. Erstaunt fragten sie: „Ist das nicht der Schriftgelehrte, der die Christen in Jerusalem so eifrig verfolgt hat? Und hatte ihm nicht der Hohepriester den Auftrag gegeben, auch hier in Damaskus alle festzunehmen und nach Jerusalem auszuliefern, die zur Gemeinde der Christen gehören? Wie kann er denn jetzt plötzlich für Jesus sein und von ihm predigen?"

Saulus aber wies immer überzeugender aus den heiligen Schriften nach, dass Jesus der versprochene Retter und Messias war. Keiner von den Juden konnte etwas Entscheidendes dagegen vorbringen. Da beschlossen sie nach einiger Zeit, Saulus aus dem Weg zu schaffen und zu töten. Tag und Nacht lauerte man an den Stadttoren Saulus auf.

Als die Christen von diesen Plänen erfuhren, ließen sie Saulus eines Nachts heimlich in einem Korb die Stadtmauer hinunter. Saulus ging nach Jerusalem, um sich dort dem Kreis der Jünger Jesu anzuschließen.

Apostelgeschichte 9, 1–26

Paulus und die anderen Apostel

Als Saulus nach Jerusalem zu den Jüngern kam, hatten sie noch immer Angst vor ihm. War er wirklich ein Jünger Jesu geworden?

Da nahm sich Barnabas des neuen Bruders vertrauensvoll an. Er brachte ihn zu den Aposteln und erzählte ihnen, wie Saulus vor Damaskus seine Bekehrung erlebt und ohne Furcht vor den Juden von Jesus gepredigt hatte.

Nun wurde Saulus von den Christen in Jerusalem herzlich aufgenommen. Er ging bei ihnen ein und aus und verkündete unerschrocken die gute Nachricht: „Jesus Christus ist der Herr!"

Von nun an nannte sich Saulus nur noch nach seinem römischen Namen Paulus. Mehr und mehr wurde er als der Missionar und Apostel Paulus bekannt.

Obwohl er nicht von Anfang an Christ gewesen war und Jesus nicht persönlich erlebt hatte, verdiente er den Ehrentitel Apostel. Denn Jesus Christus selber hatte ihn vor Damaskus zu seinem Jünger gemacht. Seitdem arbeitete er unentwegt für die Verbreitung der Christusbotschaft.

Zu Fuß und mit dem Schiff unternahm er viele und weite Reisen in andere Länder, um den Menschen die gute Nachricht zu bringen. Dabei wirkte Paulus vor allem unter den Nichtjuden, die man die Heiden nannte. Viele von ihnen gewann er für Jesus.

Verschiedene Mitarbeiter begleiteten und unterstützten ihn nacheinander: Barnabas, Timotheus, Silas, Erastus, Sosthenes, Silvanus, Titus und andere.

In den Ländern Kleinasiens und in Griechenland begründete Paulus viele Christengemeinden. Solange er am Ort war, verdiente er sein Geld durch eigene Arbeit. Er hatte das Handwerk eines Zeltmachers gelernt. So war er nicht auf Spenden und Gaben angewiesen und fiel keiner Gemeinde zur Last.

Wenn er weiterzog, hielt er durch Briefe und Boten mit seinen Gemeinden Verbindung. Durch seine Briefe stärkte er den Glauben der Christen, beantwortete ihre Fragen und gab ihnen manchen guten Rat.

Der Apostel Paulus leistete sehr viel, obwohl er keine großen körperlichen Kräfte besaß und eine Krankheit ihm die Arbeit für Christus erschwerte.

Er sagte: „Ich vermag alles, wenn Christus mir die Kraft dazu gibt." Das war sein Lebensbekenntnis.

Er brachte die Botschaft von Christus nach Europa. In Athen, der Hauptstadt Griechenlands, und in der Weltstadt Rom bekannte er mutig seinen Herrn. Am Ende ließ er in Rom sein Leben für Christus.

Zwischen Paulus und den anderen Aposteln gab es im Laufe der Zeit wichtige Fragen, die geklärt werden mussten. So behaupteten einige Gläubige aus Israel: „Wer Nichtjude ist und Christ werden will, muss erst das jüdische Gesetz kennenlernen und es befolgen!"

Paulus und Barnabas widersprachen dieser Meinung aufs Heftigste. Sie sagten: „Wer wirklich an Jesus glaubt und nach seinen Worten lebt, der braucht kein anderes Gesetz mehr. Der ist frei davon."

Sie nahmen die Heiden, die gläubig geworden waren und sich taufen ließen, ohne Vorbedingung in die christliche Gemeinde auf.

„Nein", forderten die anderen, „wir müssen von den Nichtjuden, den Heiden, die Christen sein wollen, unbedingt verlangen, dass sie sich an das Gesetz Moses halten. Sonst sind sie keine richtigen Christen."

Einige der Apostel in Jerusalem schienen eine Zeit lang eine ähnliche Meinung zu vertreten. Diese Streitfrage musste unbedingt geklärt werden, damit die Einheit der Christen nicht in Gefahr kam. So trafen sich die Apostel und die Ältesten mit Paulus und Barnabas in Jerusalem zu einer Besprechung. Es gab heftige Auseinandersetzungen.

Paulus schrieb darüber: „Es waren auch einige falsche Brüder da, die uns heimlich beobachtet hatten. Sie wollten uns vorwerfen, wir würden die Freiheit missbrauchen, die Christus uns schenkt. Sie wollten sich zum Richter über uns machen und hätten uns gern wieder unter das Gesetz Moses gezwungen. Aber ich habe ihnen nicht einen Augenblick nachgegeben! Ich habe in aller Schärfe deutlich gemacht, dass Christus uns zur Freiheit berufen hat. Er will keine Sklaven unter dem Gesetz."

So gab es in Jerusalem schließlich eine gute Klärung. Petrus und Jakobus, die Sprecher des Apostelkreises, machten Paulus und seinen Mitarbeitern keine Vorschriften. Im Gegenteil, sie erkannten die hervorragende Missionsarbeit des Paulus hoch an und würdigten seinen Einsatz unter den Nichtjuden mit großer Herzlichkeit.

Sie beschlossen klipp und klar: „Die Nichtjuden, die Heiden, sollen nicht auf das Gesetz Moses verpflichtet werden. Es soll ihnen keine weitere Last auferlegt werden."

Bei diesem Treffen vereinbarten die Apostel noch etwas anderes: Petrus, Jakobus und Johannes und die anderen Apostel in Jerusalem wollten weiter die Christusbotschaft unter den Juden verkünden. Paulus und seine Mitarbeiter aber sollten wie bisher zu den anderen Völkern gehen und unter den Heiden die gute Nachricht predigen. Nur um eins wurde Paulus gebeten: Er möge die Armen in der Gemeinde von Jerusalem nicht vergessen und in seinen Gemeinden Geld für sie sammeln.

Das versprach Paulus gern. Er hielt es treu ein. Jakobus, Petrus und Johannes, die als die Säulen der Gemeinde in Jerusalem galten, gaben Paulus brüderlich die Hand und freuten sich über diese Einigung.

Apostelgeschichte 9, 26–28; 15, 1–13. 19; Galaterbrief 2, 1–10

Paulus und Silas in Philippi: Die Bekehrung des Gefängniswärters

Paulus und seine Mitarbeiter zogen durch Kleinasien und predigten die gute Nachricht von Jesus Christus. Als sie in Troas waren, einer Hafenstadt an der Westküste Kleinasiens, hatte Paulus einen Traum. Er sah einen Mann aus Mazedonien, der ihn bat: „Komm nach Mazedonien herüber und hilf uns!"

Paulus merkte, dass dieser Traum ein Zeichen von Gott war. Das Land Mazedonien lag weit über dem Meer auf der Balkanhalbinsel in Europa. Paulus wurde klar: Gott ruft uns jetzt in die westliche Welt!

Sie gingen an Bord eines Schiffes und segelten zur Insel Symothrake und von dort aus weiter nach Neapolis, einer Hafenstadt. Von Neapolis zogen Paulus und seine Helfer zu Fuß nach Philippi, einer bedeutenden Stadt in Mazedonien.

Hier trafen Paulus und seine Mitarbeiter eines Tages eine Sklavin, die die Zukunft voraussagte. Sie ließ sich ihre Auskünfte bezahlen und verdiente damit viel Geld.

Diese Frau lief hinter Paulus und seinen Begleitern her und rief: „Diese Männer sind Diener des höchsten Gottes! Sie können euch den Weg zum Heil zeigen."

Das wiederholte sich an mehreren Tagen. Schließlich konnte es Paulus nicht mehr ertragen. Die Frau tat ihm leid. Ein krankhafter Geist beherrschte sie und zwang sie, wahrsagen zu müssen.

Paulus sprach zu der Frau: „Im Namen Jesu Christi: Fahre aus von ihr, du krankhafter Wahrsagegeist!"

Im selben Augenblick verließ sie der Druck und Zwang, wahrsagen zu müssen. Sie war befreit und erlöst!

Natürlich merkten die Herren der Sklavin, dass sie kein Geld mehr verdiente. Es sprach sich herum: Die Sklavin ist keine Wahrsagerin mehr!

Darüber wurden ihre Herren so wütend, dass sie Paulus und Silas packten und auf den Marktplatz vor das Stadtgericht schleppten. Dort klagten sie die beiden vor den höchsten Stadtrichtern an: „Diese Männer hier bringen Unruhe in unsere Stadt! Sie sind Juden und wollen Sitten einführen, die gegen unser römisches Recht verstoßen!"

Eine drohende Volksmenge war zusammengelaufen. Sehr aufgeregt forderte sie, Paulus und Silas zu bestrafen.

Da befahlen die Richter, den beiden die Kleider vom Leib zu reißen, sie auszupeitschen und danach ins Gefängnis zu werfen. Der Gefängniswärter erhielt die Anweisung, die Gefangenen besonders sorgfältig zu bewachen.

Paulus und Silas kamen in die dunkelste Zelle. Ihre Füße wurden in einen harten Holzblock geschraubt.

Um Mitternacht beteten die beiden. Sie priesen Gott und sangen Lobgesänge. Die anderen Gefangenen hörten es.

Da erschütterte plötzlich ein gewaltiges Erdbeben das Gefängnis bis in die Grundmauern. Die Türen sprangen auf und die Ketten der Häftlinge zerbrachen.

Der Gefängniswärter wurde aus dem Schlaf gerissen. Als er sah, dass die Gefängnistüren offen standen, erschrak er sehr. Er zog sein Schwert und wollte sich töten. Denn er dachte, die Gefangenen wären geflohen.

Da rief Paulus, so laut er konnte: „Tu dir nichts an! Töte dich nicht! Wir sind alle hier!"

Der Gefängniswärter suchte nach Licht, stürzte in die Zelle und warf sich zitternd vor Paulus und Silas hin.

„Ihr Herren", fragte er atemlos, „was muss ich tun, um gerettet zu werden?"

180

„Glaube an Jesus!", erwiderten Paulus und Silas. „Nimm ihn als deinen Herrn an! Dann wirst du mit deiner Familie gerettet."

Der Gefängniswärter führte Paulus und Silas aus der Zelle und nahm sie zu sich hinauf in seine Wohnung. Er reinigte und versorgte ihre Wunden und gab ihnen zu essen und zu trinken.

Paulus und Silas verkündeten ihm und allen, die mit dabei waren, die Christusbotschaft. Dann ließ sich der Gefängniswärter mit seiner ganzen Familie taufen. Er und alle seine Angehörigen freuten sich und waren glücklich, dass sie zum Glauben an Gott gefunden hatten.

Am nächsten Morgen schickten die römischen Stadtrichter die Gerichtsdiener zum Gefängniswärter mit dem Auftrag: „Lass die beiden Männer von gestern wieder frei!"

Der Gefängniswärter freute sich und teilte Paulus und Silas mit: „Eben habe ich vom Stadtgericht den Auftrag erhalten, euch freizulassen! Nun könnt ihr unbesorgt die Stadt verlassen."

Aber die Lösung wollte Paulus nicht annehmen.

Er sagte zu den Gerichtsdienern: „Wir sind ohne Urteil öffentlich auf dem Marktplatz ausgepeitscht worden, obwohl wir römische Bürger sind und nichts Unrechtes getan haben! Dazu hat man uns eine ganze Nacht ins Gefängnis eingesperrt! Und jetzt wollen uns eure Stadtrichter heimlich abschieben und auf bequeme Weise loswerden? Das kommt nicht infrage! Die verantwortlichen Männer sollen persönlich kommen, sich entschuldigen und uns das Geleit aus dem Gefängnis geben!"

Mit dieser Nachricht kehrten die Gerichtsdiener zu den Richtern zurück.

Als die Richter hörten, dass Paulus und Silas römische Bürger waren, erschraken sie sehr. Mit einem Mal wurde ihnen bewusst, welches Unrecht sie an den beiden begangen hatten!

Auf dem schnellsten Weg gingen die Richter zum Gefängnis. Sie baten Paulus und Silas in aller Form um Entschuldigung. Dann geleiteten sie die beiden aus dem Gefängnis.

Bevor Paulus und Silas die Stadt Philippi verließen, versammelte sich noch einmal die Gemeinde der Christen. Paulus und Silas machten ihnen Mut, fest im Glauben zu bleiben. Dann verabschiedeten sie sich und verließen die Stadt.

Apostelgeschichte 16, 8–40

Die Zukunft

Eine Hochzeitsfeier als Bild für Gottes Reich: Seid klug und bereit!

Immer wieder fragten die Jünger und andere Menschen Jesus: „Wann wirst du dein Reich vollenden? Was müssen wir tun, um dabei zu sein, wenn du kommst?"

Auf diese Frage antwortete Jesus mit einer Geschichte von einer Hochzeitsfeier: „Wenn ich am Ende wiederkomme und Gottes Herrschaft vollende, wird es so sein wie bei einer Hochzeit. Am Hochzeitsabend kam der Bräutigam ins Haus seiner Braut, um sie abzuholen und in das Haus seiner Eltern zu bringen. Im Haus der Brauteltern wurde schon fröhlich gefeiert. Aber die Trauung und das eigentliche Hochzeitsfest sollten im Elternhaus des Bräutigams begangen werden.

Draußen im Dorf warteten schon zehn junge Mädchen. Es waren die Brautjungfern. Sie freuten sich darauf, mit dem Hochzeitspaar und den Festgästen ins Haus des Bräutigams zu gehen. Sie hatten ihre Öllampen bei sich, in denen der Docht hell brannte.

Jeden Augenblick konnte der Bräutigam mit seiner Braut und den Gästen kommen. Dann durften die Brautjungfern sie mit ihren Lichtern durch die nächtlichen Straßen ins Hochzeitshaus geleiten und selber an der Hochzeit teilnehmen.

Von den zehn jungen Mädchen waren aber nur fünf so klug gewesen, sich ausreichend mit Öl für ihre Lampen zu versorgen. Sie wussten, dass es manchmal länger dauern konnte, bis so ein Festzug fertig zum Aufbruch war. So hatten die fünf gescheiten Mädchen neben ihren Lampen auch kleine Krüge mit Ölvorrat mitgebracht.

Die anderen fünf dagegen hatten nur ihre Lampen bei sich und das bisschen Öl, das den Docht speiste. Sie dachten nur an den Augenblick. Dass es länger dauern konnte, war ihnen nicht eingefallen.

Nun verspätete sich der Bräutigam mit seinem Festzug mehr und mehr. Die Mädchen wurden müde und schliefen am Wegesrand ein.

Mitten in der Nacht wurden sie plötzlich mit dem Ruf geweckt: ‚Der Bräutigam kommt! Steht auf und geht ihm entgegen!'

Da sprangen die jungen Mädchen auf und brachten ihre Lampen in Ordnung.

Die fünf, die nicht genügend Öl bei sich hatten, baten die anderen: ‚Gebt uns etwas von eurem Öl! Unsere Lampen gehen aus.'

Aber die gescheiten Mädchen, die vorgesorgt hatten, antworteten: ‚Das geht nicht. Unser Öl reicht gerade für unsere eigenen Lampen. Lauft doch schnell zum Kaufmann und holt euch neues!'

So machten sie sich auf den Weg, um mitten in der Nacht Öl zu besorgen.

Inzwischen aber kam der Bräutigam. Die fünf gescheiten Mädchen nahmen ihre leuchtenden Lampen, schlossen sich dem Bräutigam und dem Festzug an und gingen fröhlich mit ihnen in den Festsaal. Dann wurde die Tür verschlossen.

Später kamen auch die anderen fünf Brautjungfern. Sie standen draußen, klopften an die Tür und riefen: ‚Herr, mach uns auf! Wir möchten die Hochzeit mitfeiern.'

Aber der Bräutigam erwiderte: ‚Wer seid ihr denn? Ich kenne euch nicht. Ihr wollt euch wohl selbst einladen?'

Und so mussten die fünf unklugen Mädchen, die nicht vorgesorgt hatten, draußen im Dunkeln bleiben."

Und Jesus sagte zu seinen Jüngern und zu den anderen Zuhörern: „Darum seid klug und bereit wie die gescheiten jungen Mädchen! Denn ihr wisst nicht, an welchem Tag und zu welcher Stunde euer Herr kommen wird!"

Matthäus 25, 1–13; 24, 42

Das Weltgericht: Wonach der wiederkommende Christus urteilt

Jesus hielt seinen Jüngern noch eine andere Rede über das große Gericht am Ende der Welt. Er zeigte ihnen damit, worauf es im Leben eines jeden Menschen wirklich ankommt: Jesus nachzufolgen und ihm in der Liebe zu anderen Menschen zu dienen.

Jesus sagte: „Am Ende der Welt werde ich als Richter und Retter wiederkommen. Umgeben von Gottes Herrlichkeit und seinen Engeln, werde ich mich auf den Richterthron setzen, den mir mein Vater zugedacht hat.

Dann werden alle Völker und alle Menschen vor meinen Thron kommen und ich werde sie richten. Wie ein Hirt die Schafe von den Böcken trennt, so werde ich Gute und Böse voneinander trennen. Die Guten werde ich auf die rechte Seite stellen und die Bösen auf die linke.

Dann werde ich zu denen an meiner rechten Seite sagen: ‚Kommt her zu mir! Euch hat mein Vater gesegnet. Ihr sollt in Gottes Reich kommen. Von

Anfang an ist es euch als Erbe zugedacht. Denn als ich hungrig war, habt ihr mir zu essen gegeben. Als ich Durst hatte, habt ihr mir zu trinken gegeben. Als ich als Fremder zu euch kam, habt ihr mich bei euch aufgenommen. Als ich nackt war, habt ihr mir Kleidung gegeben. Als ich krank war, habt ihr mich besucht. Als ich im Gefängnis saß, seid ihr zu mir gekommen.'

Dann werden die zu meiner Rechten in großes Erstaunen ausbrechen und mich fragen: ‚Herr, wann haben wir dich jemals in Not und Armut gesehen und wann haben wir dir je geholfen? Wir können uns daran nicht erinnern.'

Aber ich, der Herr und König, werde ihnen antworten: ‚Das will ich euch sagen: Was ihr meinen geringsten Brüdern und Schwestern Gutes getan habt, das habt ihr mir getan!'

Dann werde ich zu denen an meiner linken Seite sagen: ‚Geht weg von mir! Gott hat euch verworfen. Das ewige Feuer wartet auf euch, das für die Macht des Bösen bestimmt ist. Ihr habt mich hungern und dürsten lassen. Ihr habt euch nicht um mich gekümmert, als ich als Fremder zu euch kam. Ihr habt mich in Lumpen herumlaufen lassen und mir keine Kleidung gegeben. Ihr habt mich nicht besucht, als ich krank war und niedergeschlagen im Gefängnis saß.'

Dann werden auch sie sich wundern und mich fragen: ,Herr, wann haben wir dich in Not und Armut gesehen und haben dir nicht geholfen? Wir wissen nichts davon.'

Dann werde ich ihnen antworten: ,Das will ich euch sagen: Ihr habt so viele Menschen in Not und Armut gesehen und habt ihnen nicht geholfen! Was ihr an ihnen Gutes versäumt habt, das habt ihr an mir versäumt!'

Auf diese Menschen wartet die ewige Strafe. Aber auf die anderen, die Gottes Willen getan haben, wartet das unvergängliche Leben."

Matthäus 25, 31–46

Die Zukunft der Welt

Einmal wollten die Jünger Jesus die ganze Tempelanlage zeigen. Sie waren begeistert von dem großen und prächtigen Bau.

Da sagte Jesus zu ihnen: „Warum bewundert ihr das alles? Seht es euch genau an! Ich sage euch: Hier wird alles bis auf den Grund zerstört werden. Kein Stein wird auf dem anderen bleiben!"

Später, als er mit ihnen am Abhang des Ölbergs saß und sie auf die Stadt Jerusalem sahen, fragten ihn seine Jünger: „Wann wird das geschehen? Woran werden wir erkennen, dass du wiederkommst und das Ende der Welt da ist?"

Jesus antwortete: „Passt auf! Seid auf der Hut! Lasst euch von keinem Menschen täuschen und irreführen! Denn manche werden kommen und von sich behaupten: ,Ich bin Christus!' Und viele werden auf diese Betrüger hereinfallen.

Dann werdet ihr von Kriegen und Unruhen hören. Aber habt keine Angst! Das muss geschehen. Doch es ist noch nicht das Ende. Ganze Völker und Machtblöcke der Erde werden gegeneinander kämpfen. In vielen Teilen der Erde wird es Hungersnöte und Erdbeben geben.

Dann werdet ihr viel zu leiden haben. Man wird euch verfolgen und gefangen nehmen, vor Gericht stellen, bestrafen und töten. Die ganze Welt wird euch hassen, weil ihr meinen Namen tragt und zu mir gehört. Viele werden vom Glauben abfallen und sich gegenseitig verraten und aus-

186

liefern. Falsche Propheten treten auf und führen viele in die Irre. Überall setzt sich das Böse durch und die Liebe wird bei vielen erlöschen und erkalten. Wer aber bis zum Ende durchhält und standhaft bleibt, der wird gerettet.

Dann erst wird das Ende kommen. Eine Notzeit wird anbrechen, wie sie die Welt in ihrer ganzen Geschichte noch nicht erlebt hat. Wenn Gott diese Schreckenszeit nicht abkürzen würde, dann würde kein Mensch gerettet werden. Aber den Auserwählten zuliebe wird Gott die furchtbaren Leiden begrenzen. Dann wird sich die Sonne verdunkeln und der Mond wird sein Licht verlieren. Die Sterne werden aus ihrer Bahn geworfen und die ganze Ordnung des Himmels bricht zusammen. Die Menschen auf der Erde werden vor Entsetzen jammern und heulen. Dann wird mein Zeichen am Himmel erscheinen, das Kreuz des Gottessohnes. Und alle Menschen werden mich kommen sehen auf den Wolken des Himmels in göttlicher Macht und Herrlichkeit."

Matthäus 24, 1–13. 21–22. 29–30

Der neue Himmel und die neue Erde

Im letzten Buch der Bibel, in der „Offenbarung" des Johannes, sieht der Prophet großartige Bilder von der Zukunft Gottes mit den Menschen.

Er schreibt: „Dann sah ich einen neuen Himmel und eine neue Erde. Denn den alten Himmel und die alte Erde gab es nicht mehr.

Ich sah, wie die heilige Stadt, das neue Jerusalem, von Gott aus dem Himmel herabkam: festlich geschmückt wie eine Braut, die auf den Bräutigam wartete.

Und ich hörte eine mächtige Stimme vom Thron des Himmels rufen: ‚Nun wird Gott ganz bei den Menschen wohnen! Er wird bei ihnen bleiben und sie werden sein Volk sein. Alle Tränen wird er ihnen aus den Augen abwischen. Den Tod wird es nicht mehr geben und auch keine Trauer, kein Klagen und keinen Schmerz. Denn was einmal war, ist für immer vorbei.'

Da sagte der, der auf dem Thron saß: ‚Siehe, ich mache alles neu!'"

Offenbarung 21, 1–5a

Der Autor

Detlev Block, 1934 in Hannover geboren, ist Theologe und Schriftsteller in Bad Pyrmont. Er hat über 90 Bücher veröffentlicht: Gedichte, geistliche Lieder (auch im Evangelischen Gesangbuch), Kurzprosa, Kinder- und Sachbücher, Bildbände, Biografien, literarische Essays. 1999 wurde Detlev Block in Anerkennung seines schriftstellerischen Werkes in Bovenden bei Göttingen zum „Burgschreiber zu Plesse" ernannt. Er ist Mitglied im Verband Deutscher Schriftsteller und in der Europäischen Autorenvereinigung DIE KOGGE.

Die Illustratorin

Gisela Röder, 1936 in Schwerin geboren, lebt in Berlin. Sie besuchte die Kunsthochschulen Dresden und Berlin-Weißensee, wo sie 1960 ihr Diplom ablegte. Nachdem sie in verschiedenen interessanten Bereichen (Film- und Theaterplakate, Zeitschriftenillustrationen, Buchumschläge) als Grafikerin tätig war, illustriert Gisela Röder seit einigen Jahren ausschließlich Kinderbücher, für die sie bereits mit mehreren Preisen ausgezeichnet wurde. In den letzten Jahren zeichnete und malte sie unter anderem drei Kindergebetbücher.

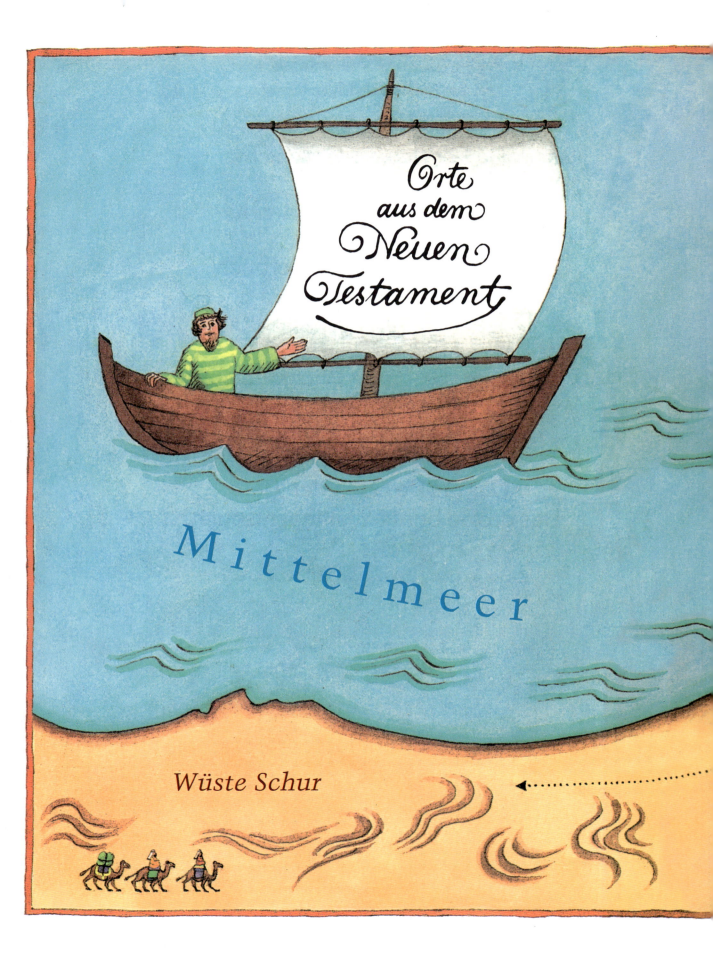